CONFLITOS
DA VIDA REAL

C837c Costa, Gley P.
        Conflitos da vida real / Gley P. Costa. – 2. ed., rev. e ampl. –
    Porto Alegre : Artmed, 2006.
        200 p. ; 23 cm.

        ISBN 85-363-0632-7

        1. Psicanálise – Estudo de casos. I. Título.

                        CDU 159.964.2

Catalogação na publicação: Júlia Angst Coelho – CRB Provisório 05/05

CONFLITOS DA VIDA REAL

2ª edição revisada e ampliada

Gley P. Costa

Médico Psiquiatra e Psicanalista
Membro Titular da Associação Psicanalítica Internacional
Professor da Fundação Universitária Mário Martins

2006

© Artmed Editora S.A., 2006

Capa
Gustavo Macri

Preparação do original
Rubia Minozzo

Supervisão editorial
Mônica Ballejo Canto

Projeto e editoração
Armazém Digital Editoração Eletrônica – Roberto Vieira

Reservados todos os direitos de publicação, em língua portuguesa, à
ARTMED® EDITORA S.A.
Av. Jerônimo de Ornelas, 670 – Santana
90040-340 Porto Alegre RS
Fone: (51) 3027-7000 Fax: (51) 3027-7070

É proibida a duplicação ou reprodução deste volume, no todo ou em parte, sob quaisquer formas ou por quaisquer meios (eletrônico, mecânico, gravação, fotocópia, distribuição na Web e outros), sem permissão expressa da Editora.

SÃO PAULO
Av. Angélica, 1091 – Higienópolis
01227-100 São Paulo SP
Fone: (11) 3665-1100 Fax: (11) 3667-1333

SAC 0800 703-3444

IMPRESSO NO BRASIL
PRINTED IN BRAZIL

A vida psíquica do civilizado continua sujeita a determinismos que vêm da condição selvagem do homem. O selvagem mora dentro do civilizado. O inconsciente é um "território estrangeiro interno", na formulação de Freud. Esse território é o equivalente das terras exóticas que os primeiros navegantes iam procurar nos confins do universo.

Sergio Paulo Rouanet

Com gratidão, dedico este livro aos meus pacientes
e aos meus alunos por ajudarem a manter acesa
a chama da disposição para trabalhar e
criar que herdei dos meus pais.

Agradeço a Henrique Kiperman por ter me estimulado a revisar e ampliar a 1ª edição de *Conflitos da vida real*, publicada em 1997. O resultado é que um novo livro está na praça. Os verdadeiros amigos são aqueles que acreditam nas nossas capacidades e nos ajudam a crescer.

Apresentação

Foram três livros publicados pela Artmed, todos esgotados: *Dinâmica das relações conjugais* (1992), em parceria com Gildo Katz; *Conflitos da vida real* (1997) e *A cena conjugal* (2000). Agora eles serão revisados, ampliados e reeditados, começando por *Conflitos da vida real*, no qual foram mantidos 11 capítulos e acrescentados 7. Foi excluído o capítulo "Ajudar os filhos ajuda?", cujo tema será abordado mais amplamente em uma publicação sobre educação.

Os capítulos que permaneceram da 1ª edição foram: "Não podemos pular fora deste mundo", ensaio sobre a inevitabilidade do conflito na vida mental; "Medo diante da mulher", referência a uma inversão na relação entre homens e mulheres que se observa na história da humanidade; "Uma vida para dois", estudo sobre o casamento e suas potencialidades; "Quando casamos já não somos mais os mesmos", sobre a importância das relações conjugais na personalidade dos indivíduos; "Caminho sem volta", observação sobre o impacto do nascimento de um filho; "Sua Majestade, o sogro", investigação clínica sobre pacientes que evidenciam inusitada admiração pelo pai da esposa; "Filhos de pais separados", capítulo dedicado às conseqüências do divórcio; "O mundo sem pais", relação entre educação e pós-modernidade; "Decepção nos relacionamentos", análise dos determinantes do sentimento de decepção nos relacionamentos humanos; "Uma doença chamada família", aborda os segredos de família; e "Sobre a finitude", reflexão a respeito da morte.

Para esta edição, procurei desenvolver um assunto de grande atualidade que são as mudanças observadas no relacionamento conjugal e, conseqüentemente, na família como resultado das separações e dos novos casamentos, não raro reunindo filhos dele, dela e deles, além de filhos e novos cônjuges com idade muito próxima, em "Casamento de roupa nova".

Tendo em vista a realidade das separações na atualidade, dediquei um capítulo específico sobre as questões mais angustiantes com que se defrontam os casais quando decidem pôr fim em seu relacionamento, em "Dúvidas que surgem na hora da separação".

Visando a tornar o livro ainda mais atual, desenvolvi um tema relacionado com as características da cultura no início do segundo milênio no capítulo intitulado "A busca da perfeição corporal", no qual procuro tratar do *ser* e do *sentir* no mundo contemporâneo.

Três outros capítulos são dirigidos aos anseios do indivíduo e às suas vicissitudes, tendo como título: "Metade da vida", "Que é isto chamado felicidade" e "Começar de novo".

Por fim, pensando nos conflitos da vida real, ainda incluí um capítulo intitulado "Encontros e desencontros", expressão poética que espelha em meu ponto de vista sobre o verdadeiro significado da adoção.

Na quase totalidade dos capítulos revisados e acrescentados, procurei estabelecer uma relação do tema tratado com as características da vida moderna, a qual exige mudanças em uma velocidade que desafia diariamente a capacidade do ser humano.

Espero que os acréscimos atraiam o interesse de novos leitores, assim como dos que me honraram adquirindo a 1ª edição. Como foram os últimos que ensejaram esta reedição, nada mais justo do que lhes agradecer e, com eles, dividir o mérito do sucesso alcançado.

Alea jacta est!

O autor

Sumário

Apresentação xi
Introdução 15

1. Não podemos pular fora deste mundo 17
2. Medo diante da mulher 25
3. Uma vida para dois 33
4. Quando casamos, já não somos mais os mesmos 45
5. Caminho sem volta 51
6. Sua majestade, o sogro 63
7. Casamento de roupa nova 73
8. Dúvidas que surgem na hora da separação 83
9. Filhos de pais separados 93
10. O mundo sem pais 109
11. A busca da perfeição corporal 119
12. Decepção nos relacionamentos 127
13. Metade da vida 133

Sumário

14. Que é isto chamado felicidade 143
15. Começar de novo 151
16. Uma doença chamada família 161
17. Sobre a finitude 173
18. Encontros e desencontros 181

Introdução

Um homem muito religioso, depois de procurar por vários anos encontrar-se com Deus, supôs um dia finalmente estar diante dele e pediu que ele lhe indicasse o caminho do céu, no que foi prontamente atendido. Já dando início à caminhada, por mera curiosidade, virou-se para perguntar qual era o caminho do inferno, ouvindo como resposta que era o mesmo.

Embora os 18 capítulos do livro abordem diferentes situações da vida real, eles possuem em comum a moral desta pequena história que eu inventei: que a vida tem apenas um caminho ou, dito de outra forma, que a matéria-prima com que a humanidade produz suas mais lindas criações é a mesma que utiliza para atacar e destruir, dependendo da combinação de fatores que se encontram relacionados tanto com a carga instintiva do ser humano quanto com as suas interações com o ambiente em diferentes momentos do desenvolvimento. Prova disso são os tempos de guerra, em que os homens mobilizam sua genialidade para cometer as piores atrocidades juntamente com as descobertas mais espetaculares da raça humana. Por esta razão, todas as experiências da vida real, as mais simples, engendram um conflito psíquico determinado por demandas atuais e passadas, internas e externas, que não se pode evitar, embora grande parte da energia do indivíduo seja consumida na tentativa de fugir dessa realidade. Dito de outra forma, o funcionamento mental só pode ser concebido a partir do estabelecimento do conflito, responsável tanto pela mesquinhez como pela grandeza da humanidade. Inevitavelmente, a situação conflitiva gera sofrimento para o ser humano, e, na tentativa de evitá-lo, ele poderá lançar mão de mecanismos de defesa que, ao se combinarem, vão formar os sintomas das neuroses, das psicoses, das perversões e das doenças psicossomáticas. Outra forma de tentar fugir do conflito, mais comum na atualidade do que a formação de sintomas, é o transtorno da personalidade, destacando-se o transtorno da personalidade narcisista. Mais do que uma "doença", representa uma forma (defensiva) de ser, nem por isso menos sofrida. O problema é que, não se sentindo "doentes", as pessoas levam mais tempo para procurar tratamento.

Ao tomar como tema deste livro alguns recortes da vida real, eu procurei armar um palco para colocar em cena os personagens do nosso mundo interno, coadjuvantes inseparáveis de nossas trocas com a realidade. Os conflitos enfocados fazem parte das vivências da maioria das pessoas, refletindo, basicamente, minha experiência profissional. Foi a partir desta experiência que selecionei os assuntos e procurei conferir-lhes uma compreensão psicanalítica simples e acessível. Evidentemente, trata-se de uma visão pessoal minha, influenciada por leituras e pela escuta de outros profissionais. O fato de essas fontes matizarem a abordagem da totalidade das situações conflitivas selecionadas configura um verdadeiro trabalho conjunto. O anonimato desses autênticos co-autores não reflete uma falta de reconhecimento ou gratidão, mas tão-somente uma dificuldade de nomear todos que colaboraram para a realização desta obra, embora qualquer um que esteja familiarizado com a literatura psicanalítica facilmente poderá identificar vestígios dessas contribuições em todos os capítulos. Como disse Alejandro Piscitelli, "Cada vez estou mais convencido de uma inteligência coletiva, da qual quem assina não é senão o mais ousado, ou quem está mais próximo de converter seu desejo em letra". Não obstante, não posso deixar de assinalar minha principal fonte de conhecimento e a ela expressar meus mais sinceros agradecimentos: meus pacientes e os pacientes de meus alunos, cujo atendimento tive a oportunidade de supervisionar. *Conflitos da vida real* pretende despertar no leitor um repensar instigante e envolvente dos nossos dilemas diários.

1
Não podemos pular fora deste mundo

Meu destino é agitar o sono da humanidade.
Sigmund Freud

INTRODUÇÃO

De todas as contribuições da psicanálise para a humanidade, a mais original é a descoberta do complexo de Édipo, ocorrida em 1897 por Freud, ao se dispor olhar para si mesmo como paciente através de um processo que denominou auto-análise. No entanto, não só os indivíduos mas também a sociedade e, inclusive, algumas teorias psicanalíticas procuram por todos os meios encontrar uma trajetória mais fácil para o ser humano, tentando livrá-lo dos percalços da saga edípica. Será possível pular fora deste mundo, ou estaremos nele de uma vez por todas?

EVOLUÇÃO DO CONCEITO DE COMPLEXO DE ÉDIPO

O complexo de Édipo não é o núcleo apenas das neuroses, como o definiu Freud inicialmente, mas do psiquismo humano em geral, concedendo à fantasia incestuosa um lugar que ultrapassa em muito o da simples descarga de uma pulsão sexual. Mais do que isso, representa o agrupamento central de impulsos conflitantes, de fantasias, de ansiedades e de defesas do indivíduo, constituindo-se, na verdade, no organizador da vida mental. Como conseqüência, encontra-se o homem inevitavelmente marcado pela senda edípica em todos os seus relacionamentos ao longo da vida. Apesar disso, nos mantemos todos submetidos a uma permanente tentação de fugir do conflito edípico, ato que tem suas raízes no prazer, o princípio que rege o mais primitivo funcionamento psíquico do ser humano. Na mitologia grega, Jocasta representa o prazer, e Édipo, a realidade. De acordo com Schopenhauer, a maioria de nós leva no coração uma Jocasta que suplica a Édipo, por amor aos deuses, não indagar mais sobre as suas origens, concluindo o filósofo que toda a obra provém de uma idéia que conduz ao prazer da concepção, porém a realização não se conquista sem sofrimento.

A REALIDADE DA CONDIÇÃO HUMANA

Nos primeiros meses de vida, a criança vive com a mãe, seu primeiro objeto, uma relação diádica indiferenciada não-conflitiva, a qual, com o ingresso do pai, se transforma em uma relação conflitiva com objetos diferenciados, configurando o triângulo edípico. O rompimento desta relação de narcisismo ilimitado com a mãe determina uma ferida egóica cujo sofrimento nos impulsiona no sentido de resgatar o sentimento oceânico experimentado no vínculo original com o nosso primeiro objeto. Este anseio põe em cena um afastamento da situação edípica, que implica, no caso do menino, em desejos amorosos dirigidos à mãe e desejos de morte dirigidos ao pai, o mesmo ocorrendo com a menina no sentido inverso (concepção clássica do complexo de Édipo).

A tentativa de se afastar da situação triangular edípica não representa apenas uma tentativa de evitar a culpa que decorre dos desejos de morte em relação ao pai do mesmo sexo, mas também uma forma de a criança negar sua impotência primária e o anacronismo entre suas fantasias incestuosas e a aptidão para satisfazê-las. Nesse processo, fica anulada toda a dolorosa realidade da condição humana que resulta da inevitabilidade do conflito, do caráter incompleto do indivíduo e do prolongado e difícil amadurecimento. Como conseqüência, no lugar da realidade, instaura-se a fantasia de uma felicidade absoluta, parecida com a vivenciada pelo feto e que se experimenta logo após o nascimento em uma relação não-conflitiva com a mãe.

O PAI REAL E A REALIDADE PSÍQUICA

Com base nos relatos de suas pacientes, inicialmente Freud superestimou o papel do pai real na etiologia da neurose, afirmando que a histeria resultava de experiências traumáticas sofridas na infância como decorrência de abusos sexuais por parte dos adultos, principalmente os pais. No entanto, essa concepção sobre a origem da histeria, que se tornou conhecida como teoria da sedução, cairia por terra porque Freud acabou reconhecendo que essas cenas, na maioria das vezes, não tinham ocorrido na vida real e eram apenas fantasias resultantes dos desejos incestuosos de suas pacientes. Não obstante, manteve a importância concedida à figura paterna não só na estrutura da neurose, como também no desenvolvimento da personalidade, afirmando, em 1930, que não conseguia pensar em nenhuma necessidade da infância tão intensa quanto a da proteção de um pai. Concluiu que o papel desempenhado pelo sentimento oceânico, que poderia buscar algo como a restauração do narcisismo ilimitado inicial da vida, deixa de ocupar o primeiro plano na mente da criança.

Mais recentemente, Lacan sustentou que a presença do pai se efetiva através da formulação manifesta de uma ordem, denominada de *lei paterna*. Essa ordem é dirigida de um lado para o filho e de outro para a mãe. Para o filho o pai diz: "Você não cometerá o incesto" e, para a mãe: "Você não reintegrará o seu produto". Quando o pai impõe a lei, e é preciso que a mãe possa aceitá-la, ele desfaz a fusão da mãe com o filho, estabelecendo para ambos uma limitação: a incompletude do ser humano. É neste momento que o menino se defronta com a ansiedade de castração, ingressando por esse caminho no complexo de Édipo.

O interdito paterno não representa apenas uma proibição, mas uma libertação do filho que, a partir deste momento, vai em busca de sua individuação e da mãe que retoma sua plena condição feminina. Ao mesmo tempo, é dessa forma que a criança adquire a noção de tempo e espaço, toma consciência de seu lugar na família e se orienta para o seu futuro e para o seu papel na sociedade, cuja trajetória configura o desenvolvimento psicossexual e psicossocial do ser humano. Portanto, na mesma medida em a mãe é a propiciadora do nascimento biológico do filho, complementarmente é o pai que cria as condições necessárias para o seu nascimento psicológico. A inexistência de uma figura paterna no mundo real da criança permite que o claustro da vida fetal estenda suas paredes para seguir envolvendo sua vida mesmo após o nascimento.

O NARCISISMO PERDIDO

A identificação com as figuras parentais, que se inicia com a imitação, faz parte do processo normal de desenvolvimento, e o fracasso de se identificar com os pais durante a infância, particularmente com o genitor do mesmo sexo, diminui o sentimento de identidade. Com base nas identificações parentais, que servem de continente para a projeção do narcisismo infantil, estrutura-se o ideal do ego, que, de acordo com a concepção freudiana, possui um caráter evolutivo sustentado pela fantasia de reencontros do ego com o seu ideal, os quais se confundem com a idéia, não integralmente abandonada, de fusão com o objeto primário, ou seja, a mãe. Desta maneira, o que foi perdido pelo interdito paterno passa a ser buscado no futuro, constituindo o modelo desenvolvimental do ser humano.

Conforme foi referido inicialmente, o rompimento da fusão com o objeto primário determina uma ferida narcisista cuja dor só é aliviada pela fantasia de retorno ao corpo materno mediante a consumação do impulso incestuoso. Mas o menino, devido à sua imaturidade biológica e emocional, está impedido de realizar de imediato o seu desejo, a não ser projetando no futuro a fantasia de união com a mãe e erigindo o pai como o ideal do seu ego. Apesar disso, em maior ou menor intensidade, sempre existirá no indivíduo um desejo de restabelecer a situação fusional com a mãe. Refere Chasseguet-Smirgel que essa experiência do recém-nascido, vivenciada sob a forma de uma felicidade completa, ao ser perdida, cria no ser humano uma espécie de nostalgia que leva o indivíduo a jogar para a frente o seu narcisismo, caracterizando, nas palavras da autora, o *ideal do ego maturativo*. No caso do menino, essa projeção da perfeição narcisista que, inicialmente, se dirige à mãe, desloca-se para o pai, determinando o seu ingresso no complexo de Édipo.

A projeção do narcisismo e da onipotência infantis sobre os pais na situação edípica, especificamente sobre o pai sob a forma de seu herdeiro, constitui um progresso na conquisita dos sentimentos de realidade e objetividade. Essa projeção representa o caminho longo da sexualidade, que implica, necessariamente, o adiamento da satisfação, estando, portanto, mais de acordo com o princípio de realidade. O ideal do ego assim concebido implica evolução e desenvolvimento. Mas, para tanto, é indispensável que a criança, com a ajuda dos pais, aceite duas diferenças: de sexo e de gerações. A negação dessas diferenças é defensiva e pode ser reforçada pela conduta dos pais. Um pai fraco que se deixa desvalorizar pela esposa e uma mãe sedutora que elege o filho representante do pênis do seu próprio pai e o gratifica excessivamente podem dificultar o curso evolutivo natural da sexualidade. A criança, em vez de investir narcisicamente na genitalidade e no futuro, é estimulada a encontrar um facilitador que sirva como curto-circuito: a idealização da pré-genitalidade, caracterizando o caminho curto do desenvolvimento da sexualidade que visa à satisfação imediata do prazer, denominado por Chasseguet-Smirgel de *ideal do ego não-maturativo*. A autora cita que tais fatos impelem o menino a viver na ilusão que ele, com o seu pênis impúbere e sua sexualidade pré-genital, esteja em condições de satisfazer a mãe, objeto adulto, já que o objeto adulto "pai" nada faz com a mãe que ele próprio não seja capaz. Ou seja, ele não tem nenhuma razão para projetar adiante de si mesmo o seu narcisismo e para esperar ser um dia, como o seu pai, o parceiro de uma mulher como a sua mãe, uma vez que ele vive na ilusão de já ser agora um objeto erótico adequado mediante a idealização da pré-genitalidade.

"É PARA O MUNDO QUE EU VOU SALTAR!"

Embora jamais tenha dito exatamente esta frase, ela ilustra muito bem a conduta de T., 31 anos, diante da vida, conforme foi possível observar em alguns meses de tratamento. T. encontrava-se deprimido por ter sido abandonado pela namorada. Em situações idênticas, ele já havia procurado outros terapeutas no passado, abandonando o tratamento tão logo conseguia iniciar um novo relacionamento.

A última namorada de T. resolveu afastar-se definitivamente dele após assistirem juntos ao filme *Nove e meia semanas de amor* (*9 ½ Weeks*. Adrian Lyne, USA, 1985). Ela se sentiu em uma trama semelhante à do filme. O exame dessa situação revelou que todos os relacionamentos de T. apresentavam uma trajetória semelhante. Ele é um homem atlético, de muito boa aparência, e com razoável facilidade de seduzir as mulheres com seu estilo brincalhão e seu envolvimento com a ecologia. Em suas relações sexuais, predominam práticas orais e masturbatórias, freqüentemente acompanhadas do uso de maconha. Ele estimula as namoradas a revelarem com detalhes suas relações sexuais com outros homens e depois as degrada moralmente, podendo chegar ao ponto de agredi-las fisicamente. Em quase todas situações relatadas, ele conseguiu convencê-las a participarem de uma relação sexual com outra mulher ou outro casal, o que levava aos desajustes e ao término do relacionamento.

T. nunca se empenhou nos estudos, concluindo a faculdade de arquitetura à custa de expedientes e atitudes ilícitas. Mesmo assim, realiza um trabalho de razoável qualidade na condição de projetista *freelancer*. Apesar disso, tem muita dificuldade de impor suas idéias e de obter um bom preço por seus projetos, que são assinados por profissionais das empresas contratantes, que podem demorar vários meses para pagá-lo sem que ele se anime a cobrar. Sempre que se vê diante de uma situação de confronto, T. sente-se muito ansioso e, geralmente, consegue uma maneira de fugir. Nessas ocasiões, não raro ele viaja para um local conhecido pelo nome de *Retiro*, onde vive a mulher que foi sua babá e empregada de sua mãe durante muitos anos. Segundo suas próprias palavras, lá ele se sente tratado como um rei e nenhuma exigência lhe é feita.

Correspondendo ao que foi referido no item anterior, a mãe é uma mulher dominadora, narcisista e que sempre superprotegeu T., que, além disso, é filho único. Ela se dispõe a resolver todos os seus problemas. Com sua conduta sedutora, aparentemente, ela o estimulou sexualmente de uma maneira excessiva durante a infância. Ao mesmo tempo, nunca escondeu sua preferência pelo filho, considerando-o mais bonito, mais inteligente e mais divertido do que o marido. O pai de T., já falecido, era um homem muito trabalhador, mas sem voz ativa em casa e totalmente dominado pela mulher. Quando tentava dar uma ordem ao filho, este o mandava calar a boca. A lei do pai não era respeitada nem pela mulher, nem pelo filho, caracterizando o que, em outro capítulo, vamos denominar de "privação paterna".

ÉDIPO NA SOCIEDADE ATUAL

O recrudescimento dos impulsos instintivos na adolescência marca essa fase da vida por uma natural tendência a evitar o conflito edípico por meio de comportamentos defensivos bastante conhecidos. Na atualidade, observa-se um arrastamento dessa etapa do desenvolvimento, aparentemente estimulado por determinadas condutas que se modificaram no âmbito familiar e na sociedade como um todo. Entre essas condutas, encontra-se a identificação dos pais com os filhos adolescentes, estabelecendo-se uma competição de duplo sentido que acaba neutralizando o natural conflito de gerações, apagando as diferenças de sexo e retirando do cenário desenvolvimental o desejo de vir a ser, uma vez que o prazer, mesmo que ilusório, deve ser satisfeito agora. O predomínio do narcisismo sobre o Édipo reflete-se nas preocupações com a estética em detrimento da ética, na valorização do corpo mais do que com as idéias. Os investimentos na autonomia não seguem o modelo edípico, mas o modelo narcisista da recusa de reconhecer e levar em consideração o outro, configurando relações simbióticas, assexuadas, nutridoras de uma felicidade absoluta que negam a dependência e o conflito.

Tendo em vista que o ser humano se desenvolve à custa de sucessivas identificações até adquirir sua própria identidade, o resultado dessa mudança do comportamento adulto na sociedade atual é a carência de modelos identificatórios inspiradores do amadurecimento psicossexual, gerando o medo da responsabilidade edípica. Antes os jovens namoravam; hoje, eles "ficam", isto é, não assumem compromissos; e, quando os laços afetivos se estreitam, dizem que "deu rolo".

As grandes transformações sociais dos últimos anos também esvaziaram a crença em uma solução propiciada pela sociedade e enfatizaram a individualidade e a subjetividade, levando essas características até as últimas conseqüências. Além disso, criou-se o culto da rapidez, e o indivíduo não tem mais tempo para pensar, transformando-se em um mero repetidor de informações não-processadas. Tudo de novo que surge é imediatamente consumido: passamos a formar uma sociedade de "plugados". Ao mesmo tempo, a família perdeu suas características tradicionais e se ressente dos valores que proporcionavam uma identidade aos seus integrantes. Os vínculos familiares tornaram-se simétricos e fraternizados, criando uma sociedade de irmãos que escotomiza as diferenças de sexo e de gerações. Observa-se um esvaecimento do passado, da cultura e da tradição como mais uma forma de evitar o Édipo, resultando em uma falta de perspectivas para o futuro. Por tudo isso, os pais correm o risco de se tornarem "estímulos de um valor qualquer", como sugeriram Deleuze e Guattari.

COMENTÁRIOS

O complexo de Édipo, quer como metáfora, quer como conceito, representa a descoberta de Freud que melhor oferece uma idéia de desenvolvimento, permeando todos os relacionamentos do indivíduo e introduzindo a inevitabilidade do conflito que se estabelece em cada passo do seu caminho. Como essa inevitabilidade do conflito assusta e ameaça, o ser humano é seduzido pela idéia de encontrar um outro caminho, que consiste em uma tentativa de negar a realidade psíquica, configurando uma defesa antiedípica. O conflito edípico é o caminho evolutivo da busca da diferenciação e da verdade em consonância com o princípio de realidade. Em contrapartida, as defesas levantadas para evitar o complexo de Édipo opõem-se ao desenvolvimento e tendem a restabelecer a indiferenciação e a égide do princípio do prazer. Para fugir das responsabilidades da vida adulta, ou seja, da genitalidade, o homem é obrigado a permanecer em uma sexualidade infantil, limitado aos prazeres da pré-genitalidade.

Aparentemente, a sociedade atual incorporou os padrões adotados pelos adolescentes para se enfrentarem com os conflitos engendrados pela genitalidade, valorizando não a autonomia edípica, mas a autonomia narcisista, que consiste no triunfo sobre o rival sem enfrentamento, por meio de expedientes e de atitudes ilícitas.

Os autores são unânimes em afirmar que a clínica psicanalítica, formada no início predominantemente por pacientes neuróticos, na atualidade encontra-se mais dedicada aos transtornos de personalidade. Simultaneamente, a psicanálise evoluiu desde uma perspectiva mais psicopatológica, destinada a esbater sintomas, até um trabalho de mais aprofundamento da estrutura da personalidade, ampliando seus objetivos e tornando a tarefa do paciente e do analista mais criativa e também mais difícil. O exame desses pacientes freqüentemente revela sérios problemas de identificação, encobertos por uma pseudomaturidade caracterizada pela utilização de recursos defensivos que visam a evitar a realidade do conflito edípico. Esses pacientes, muitas vezes bem-sucedidos profissionalmente, acabam fracassando em seu relacionamento conjugal, no desempenho sexual e na educação dos filhos, oportunidade em que costumam procurar tratamento. Aparentemente, essa tendência de oposição ao conflito edípico constitui uma marca dos dias atuais.

2
Medo diante da mulher

CONTRADIÇÃO

Após vários anos de experiência clínica como psicoterapeuta e psicanalista, acabei dando-me conta da existência de uma chamativa contradição entre a posição de superioridade que o homem tradicionalmente ocupa na sociedade em relação à mulher e as fantasias aterrorizantes da mãe e da mulher que povoam seu mundo interno, interferindo em seus relacionamentos heterossexuais na vida adulta. Algumas características da relação inicial do bebê do sexo masculino com sua mãe podem, mais tarde, determinar um sentimento bastante comum entre os homens que é o medo da presença da mulher, aspecto menos estudado pela psicanálise do que o medo de sua ausência, decorrente da fragilidade e da dependência do ser humano ao nascer. Os homens, mais do que as mulheres, sentem uma profunda dependência do amor pré-genital da mãe protetora, ao mesmo tempo em que temem ser absorvidos por sua ternura fusional.

APARÊNCIA ENGANOSA

De acordo com a psicanálise clássica, o homem apresenta em seu desenvolvimento psicossexual uma vantagem poderosa em relação à mulher. Uma vez que seu primeiro objeto de amor é do sexo oposto, sua evolução tem, desde o início, um caráter heterossexual, o que o torna, portanto, mais adequada do que a evolução da mulher, que é, no princípio, homossexual. Do meu ponto de vista, a afirmação dessa suposta vantagem masculina representa uma tentativa de encobrir a real complexidade da relação inicial do menino com sua mãe, fruto, justamente, de seu caráter heterossexual.

Decorrente de seu desejo inconsciente de voltar a manter a relação simbiótica que viveu com sua mãe no início da vida, o homem tentará manter as mulheres, que representam a mãe, longe dele, preferentemente nos lugares e nas posições que determinou para elas. Ao mesmo tempo, irá opor-se a seus desejos e guardará uma distância entre eles para evitar que se restabeleça com elas a ligação infantil pré-edipiana que manteve com a mãe. Para não ter medo delas, para não cair em seu domínio, procurará esmagar a "raça feminina" com todo o seu desprezo. Muito do que consideramos *masculinidade* em nossa cultura resulta dessa luta que o homem necessita empreender entre o desejo de retornar à paz da simbiose com a mãe e a vontade de se separar como indivíduo.

UMA DIFERENÇA INICIAL

Desde o nascimento, a relação da mãe com seu filho é diferente da que estabelece com sua filha. Muitas mulheres que sofrem por não terem pênis e que vivem essa ausência como uma ferida narcisista podem superestimar o nascimento de uma criança do sexo masculino, que assume uma função compensatória e é tomada como uma extensão do corpo materno: o falo que lhe falta. Cito um exemplo: L., uma paciente psicótica de 38 anos, referiu que, quando o seu filho era pequeno, desenvolvia com ele uma brincadeira muito excitante para ambos que consistia em beijar, lamber e chupar os genitais da criança. Algumas mães ficam felizes ao verem o pênis de seu bebê em ereção e consideram-no, então, um "homenzinho". Às vezes, equiparam a amamentação a uma relação sexual. Em contrapartida, outras podem projetar no filho o ódio e o desprezo que mantêm pelo homem. Seja como for, as mamadas, os afagos e os cuidados corporais, anais e genitais serão sempre diferentes em virtude da sexualidade viril da criança. Conseqüentemente, a relação do menino com a mãe apresentará uma conotação mais sensual e também mais complexa do que a relação da menina.

Uma característica da relação erótica inicial do menino com sua mãe é a predominância da passividade. Contudo, os homens que tiveram um prazer excessivo na passividade durante a infância e ficaram fixados nesta etapa do desenvolvimento costumam apresentar um profundo medo da castração materna, o qual é revivido em seus relacionamentos adultos com mulheres. Como conseqüência, haverá uma tendência a reagir com agressividade exagerada em relação à mulher por medo da imago materna. Para esses homens, a mãe, isto é, a mulher, representa a síntese da vida e da morte, realidade que experimentam com excessiva ansiedade. Em minha clínica, deparei-me com um número razoável de casos de homens envolvidos há vários anos com duas ou mais mulheres sem poderem eleger nenhuma delas para viver. Empurrados pelo desejo, eles acabavam por conquistá-las, mas logo passavam a evitar o seu contato, a fugir delas movidos pelo temor de serem imobilizados por elas. G., 31 anos, referiu-me o desespero que representa para ele despertar pela manhã ao lado da namorada. Disse que se sente imobilizado por ela e, antes que ela também se acorde, não consegue levantar-se. Tudo que ambiciona é afastar-se imediatamente dela, utilizando-se, nessas ocasiões, de qualquer pretexto para atingir tal objetivo, quando então sente um grande alívio, mas volta a procurá-la no dia seguinte e a experiência mais uma vez se repete. Como nos demais casos deste grupo de pacientes, G. costuma ter mais de uma namorada ao mesmo tempo e não consegue decidir-se por nenhuma delas, tendo em vista que a outra, ou seja, aquela com quem não se encontra no momento, representa seu "salva-vidas".

PARAÍSO CHEIO DE FLORES OU ABISMO?

Eu já presenciei mães, avós e babás brincarem com as crianças, dizendo-lhes "Eu nunca mais vou te olhar", despertando nestas manifestações de uma angústia terrorífica. Da mesma forma, já assisti a homens deprimidos queixarem-se: "Ela nem me olhou", referindo-se a uma mulher que não correspondeu ao seu assédio. Se o bebê vive graças à sua mãe, ele também só existe psiquicamente através dela. Com ela experimenta a agradável vivência de totalidade. Se a mãe se esquiva, a criança não perde apenas o objeto, mas também sua identidade. Por isso que, para muitos homens, o *sim* de uma mulher representa um verdadeiro atestado de existência.

A satisfação oral obtida na relação com o seio nos primeiros meses de vida mantém-se guardada no inconsciente do indivíduo por toda a vida. No caso do menino, esse estado de bem-estar excitante é completado e ampliado pela atração heterossexual. No entanto, esse fascínio apresenta-se também como um perigo de destruição mutiladora, um paraíso cheio de flores que pode tornar-se um abismo. Todos já devem ter ouvido uma mãe dizer em relação ao seu bebê: "Ele é tão bonitinho que dá vontade de comer". Este desejo de reintegração do filho em seu corpo permanece na mulher sempre que a criança não é vivida como um presente dado pelo pai à mãe, e um presente que esta lhe devolve. Mas, ao contrário, um meio de sentir novamente a completude experimentada durante a gravidez. Nesses casos, a criança percebe que só receberá amor de sua mãe se se submeter completamente a ela, recusando a sua individualidade e aniquilando sua personalidade. Esse dilema é, muitas vezes, reproduzido pelo homem, mais tarde, em seus relacionamentos com mulheres. No entanto, ainda que latentemente, sempre vamos observar nas atitudes dos homens uma certa nostalgia de retorno ao seio materno e um prazer relacionado com a passividade experimentada em seu primitivo relacionamento com a mãe.

CASTRAÇÃO MATERNA

Freud disse que, quando já se viu a criança saciada abandonar o seio e voltar a cair nos braços da mãe e as faces vermelhas, sorrindo feliz, adormecer, não se pode deixar de identificar nessa imagem o modelo e a expressão da satisfação sexual que conhecerá mais tarde. No entanto, ao prazer sexual que sente ao sugar o seio materno, encontra-se associada uma angústia que, no caso do menino, decorre de sua própria agressividade projetada no falo que fantasia existir na mãe, na virilidade do pai que imagina ter sido incorporada pela mãe e no seio equivalente do pênis. Por sua onipotência de mãe alimentadora, por sua atração heterossexual, por seu falicismo e pelas projeções sádicas da criança sobre ela, a mulher pode tornar-se um objeto assustador para o homem.

Embora a psicanálise clássica tenha enfatizado o medo, por parte do menino, da castração paterna, portanto, edípica, não podemos esquecer aquela que lhe antecede, supera e lhe serve de base: a castração materna, pré-genital. Os temores dos pacientes de Freud de serem mordidos pelo cavalo ou devorados pelo lobo evocam um temor mais arcaico, o de ser castrado e devorado pela mãe, angústia primeira sobre a qual se vai construir o medo de castração pelo pai. A questão é que, da mesma forma como a criança atribui à sua mãe pulsões devoradoras, supõe que ela também tem desejos de danificar seu corpo com as mesmas forças corrosivas que as suas. Esse temor de ser devorado, de seu sexo ser comido, entra em ressonância com o desejo de perder sua identidade para se fundir com a mãe e reencontrar o lar pré-natal. O apego do menino à sua mãe pode ser mais completo do que o da menina, porque à euforia fusional vivida pelos bebês dos dois sexos se acrescenta uma estimulação que decorre da diferença dos sexos no diálogo corporal da mãe com a criança. Além disso, as fixações pré-edipianas marcam mais os meninos porque, diferentemente das meninas, eles não dispõem como elas, para se libertar, nem da mudança de objeto, nem da identificação com a mãe, possibilitando experiências as quais as mulheres dominam pela ação o que viveram passivamente quando eram pequenas.

FIGURA PATERNA

Os meninos sufocados em sua virilidade e em sua personalidade não conseguirão libertar-se da mãe dominadora a não ser que se identifiquem com um homem seguro, independente e capaz de se introduzir na díade mãe-filho e romper a cumplicidade simbiótica por ambos estabelecida. No entanto, muitas vezes essas mulheres terão escolhido um marido correspondente ao seu desejo neurótico, ou seja, um marido submisso e reduzido apenas ao papel de pagar as despesas da casa. Como decorrência dessa ausência psicológica da figura paterna, alguns meninos poderão apresentar, mais tarde, perturbações do comportamento provocadas pela confusão de sua identidade e escassa autonomia, correndo o risco de se tornarem indivíduos desvirilizados.

CASO CLÍNICO

F., 29 anos, nasceu em zona rural, é solteiro, formado em Engenharia. É o mais moço dos irmãos. A irmã mais velha é casada há vários anos, e a do meio, assim como F., ainda mora com a mãe. O pai, descrito como um homem simples, trabalhador, dedicado à família e muito bondoso, principalmente com os filhos, morreu em um acidente quando F. tinha 16 anos. A única queixa que tem do pai é que ele era muito tímido e se deixava desvalorizar pela mulher.

F. destaca que, desde que tem lembrança, sua relação com a mãe sempre foi muito intensa. Quando era pequeno, a mãe se mostrava muito exigente com ele, às vezes, punitiva ou excessivamente protetora. Conta, com raiva, que, quando algum menino de sua idade lhe batia, a mãe não o aconselhava a enfrentá-lo, mas dizia: "Fica em casa com a mãe, não anda com esses mal-educados". A mãe jamais negou a preferência por F. entre os filhos. Da mesma forma, sempre o exaltou em relação ao marido, afirmando que F. era mais parecido com os homens da família dela do que com o pai.

A principal reclamação que F. faz de sua mãe é que ela desvaloriza tudo o que ele conquista independentemente, ou seja, sem a sua participação. Tambémse ressente pelo fato de a mãe deprimir-se sempre que, por ele, sente-se frustrada, despertando com essa conduta intensos sentimentos de culpa por parte de F. Apesar das brigas freqüentes, que geralmente decorrem da intromissão da mãe em seus relacionamentos com mulheres e em seu trabalho, mantêm o hábito de se sentarem juntos em um sofá e ficarem se tocando por longo tempo sem se falarem. F. diz que, quando era pequeno, essa troca de carinho acontecia no leito dos pais, onde dormiu até os 5 anos.

F. procurou tratamento mobilizado pela dificuldade com mulheres ("medo quando em sua presença") e também por não encontrar forças para terminar um namoro que mantém com uma colega desde o tempo de faculdade. Sente-se preso a essa namorada e, sempre que imagina romper o relacionamento com ela, vê-se invadido pela culpa. A solução que encontra para se afastar dela é freqüentar boates sozinho, sair e até namorar com outras mulheres, facilitado pela situação de manter obras em uma cidade próxima. No entanto, é nesta (intensa) atividade que mais sofre. Sente grande angústia diante das mulheres, em particular as mais bonitas, justamente as que mais lhe atraem. Para abordá-las, necessita ingerir bebidas alcoólicas, o que o deixa mais extrovertido. Se, apesar disso, não se encorajar a se aproximar de uma mulher que ele considera bonita, o que ocorre freqüentemente, ou, se ao aproximar-se, não conseguir despertar o seu interesse, cai em profunda depressão, sentindo-se fraco e desprezível.

F. explicita em sua conduta vários conflitos infantis que remanescem em seu inconsciente, dentre os quais destacam a angustiante ambigüidade provocada pelo fascínio e medo da "mãe-mulher". Um aspecto menos evidente, mas, nem por isso, menos importante, a ser salientado neste caso é a precária identidade masculina de F., decorrente de uma imago paterna desvalorizada pela mãe, uma imago, contrariamente, idealizada. Como conseqüência, quando uma mulher corresponde ao seu assédio, sente-se um verdadeiro "rei", feliz e realizado por muitos dias, mas logo se despe dessa euforia ao se ver dependente dela e submetido ao seu controle.

COMENTÁRIOS

As aparências enganam, principalmente quando o ofuscamento do mundo interno favorece nosso afã de negar a realidade do medo que, diante do fascínio, nós homens sentimos em relação às mulheres, fruto de nossa experiência infantil com a figura materna. Para nos defender desse conflito, ao longo de centenas de anos criamos uma fantasia de superioridade, a respeito da qual acabamos por nos convencer e, também, convencer as mulheres. Submetidos aos ditames da cultura, inclusive os psicanalistas participam dessa falácia ao enfatizarem em suas publicações o medo decorrente da perda da figura materna, subestimando a ansiedade ameaçadora de sua aproximação e presença. Esta visão unívoca a respeito da mente do sexo masculino tem sido confrontada nas últimas décadas pelas mudanças de comportamento apresentadas pelas mulheres nos mais variados campos, impondo uma igualdade que traz à tona os temores masculinos de sucumbirem aos encantos da mulher.

A negação dessa realidade é de tal consistência que somente em condições especiais conseguimos identificá-la. Uma delas, que podemos chamar de "espontânea", é a adolescência, em particular sua fase inicial, quando começam os namoros. Nessa etapa do desenvolvimento, que sucede os anos do fechado "clube do bolinha", flagrante expressão de medo do sexo feminino, timidamente os meninos dão os primeiros passos no sentido de buscar uma aproximação amorosa e sexual com o sexo feminino. A insegurança é grande, e a angústia resultante dessa experiência dificulta a realização das demais atividades, incluindo o estudo. "Dá pena de ver o sofrimento desses rapazinhos quando começam a namorar", generalizou uma paciente, mãe de três filhos homens. É provável que muitas outras mães pudessem dizer o mesmo, pois, segundo tenho observado, é a elas que os filhos costumam recorrer para dividir suas inseguranças quando começam a namorar. Parece-me bastante fácil de entender essa preferência pela mãe, considerando que, tendo elas como aliadas nesse processo, sentem-se mais seguros do que se sentiriam com os pais, tão assustados como os filhos com as mulheres. Exemplos dessa realidade não devem faltar no convívio familiar, apontando aos filhos a quem recorrer diante das agruras do primeiro relacionamento com o sexo oposto.

A outra condição em que constatamos o medo do homem diante da mulher é a de tratamento psicanalítico, por meio das associações livres e do material onírico dos pacientes. O "perder", tanto quanto o "ganhar" uma mulher, expressões comuns entre homens, para muitos deles constitui uma sensação de pânico indiferenciável, como nos mostra J., 31 anos, que há quatro possui uma namorada em sua cidade de origem. De segunda a sexta-feira, ele fala com ela pelo telefone diversas vezes, procurando detectar nas entrelinhas o desejo da namorada de que ele vá ou não vá visitá-la no fim de semana. Quando, supostamente, percebe que ela não faz questão de sua ida, entra em desespero e não pára de lhe telefonar até que consiga obter dela a declaração de que deseja muito recebê-lo no fim de semana. Contudo, se a namorada expressa com clareza que o aguarda com grande expectativa, ele se sente preso e controlado por ela e, não raro, arranja uma desculpa para não ir. Esses sentimentos ambivalentes em relação à mulher, principalmente quando o homem possui relacionamentos simultâneos, na maioria das vezes se escondem atrás de uma máscara de machismo ou esperteza.

Destituídos de uma falsa superioridade, os homens poderão manter relações mais igualitárias com as mulheres, reconhecendo que seus temores em relação a elas refletem sua onipotência projetada na mãe como forma de apaziguar os sentimentos ameaçantes de aniquilamento experimentados nos primeiros dias, semanas e meses de vida.

3

Uma vida para dois

O passado não sabe o seu lugar, está sempre presente.
Mário Quintana

O CASAMENTO EM CRISE

Recentemente, uma pesquisa nacional sobre relacionamentos conjugais revelou que 70% dos casais não vivem bem, 65% são infiéis e apenas 20% têm desejos por seus parceiros depois de 15 anos de vida em comum. É provável que esses resultados não surpreendam nenhum psiquiatra, psicólogo ou psicanalista de adulto, tendo em vista que a maioria dos pacientes chega aos seus consultórios apresentando um problema de relacionamento conjugal.

Apesar disso, o estudo da história do casamento desde a Idade Antiga me inclina a pensar que, provavelmente, os casais jamais desfrutaram o nível de satisfação que se observa na atualidade. Com essa suposição não pretendo negar as dificuldades criadas pela vida moderna, mas levantar uma série de fatores que podem enriquecer a vida em comum de um homem e uma mulher.

CASAMENTO POR AMOR

O "casamento por amor", como se costuma dizer, não é algo do passado, mas um evento recente do curso da humanidade. Paradoxalmente, ele surgiu com a burguesia e o capitalismo. Na Antigüidade, o que hoje designamos amor, os gregos, por exemplo, esperavam obter de três tipos diferentes de mulher: a escrava, a cortesã e a esposa propriamente dita. Nas sociedades patriarcais e escravagistas e também no feudalismo, não havia escolha do parceiro sexual. Na Idade Média, casamentos por amor não eram nem sonhados.

Não se encontra muito longe a época em que os pais, sutil ou declaradamente, escolhiam os cônjuges para os seus filhos de acordo com os relacionamentos familiares e os interesses políticos ou financeiros. Em muitas cidades do interior, há vários exemplos de famílias que se encontram unidas há várias gerações através do casamento, sustentando e aumentando seu patrimônio econômico, e famílias em que os jovens não podem casar-se porque os pais, por razões políticas ou de outra natureza, encontram-se brigados. A essas restrições ao casamento por amor ainda podemos incluir os preconceitos relacionados com a cor, raça e religião, vigentes ainda na atualidade. Recentemente, uma mulher indiana me informou que o seu primeiro esposo havia sido escolhido pelos pais, e um homem bangalês que me consultou, referiu que a esposa havia sido eleita pelas irmãs, como é comum em seu país. Além dessas dificuldades impostas ao casamento por amor, não se pode esquecer a questão da virgindade, que separava o amor da sexualidade no relacionamento conjugal.

ORIGEM DO CASAMENTO

Antes do estabelecimento das religiões monoteístas que conhecemos atualmente, portanto há muitos séculos, havia a chamada "religião doméstica", caracterizada pela existência de inúmeros deuses que podiam ser adorados por uma única família. Como conseqüência, o culto não era público, como nos nossos dias, mas processado no interior de cada casa, não havendo regras comuns nesses rituais. A primeira instituição estabelecida pela religião doméstica foi o casamento. Portanto, a religião e o casamento têm uma origem comum. Entre os gregos e os romanos, a cerimônia do casamento, surpreendentemente, muito parecida com a observada ainda na atualidade, era constituída por três atos:

1. na casa da noiva, diante do fogo sagrado, o noivo obtinha do futuro sogro a autorização para levar a filha para a casa dos seus pais;
2. pelo próprio noivo ou por outras pessoas, a noiva, com véu e grinalda, era conduzida até a casa dos futuros sogros, cuja religião adotaria. No entanto, ela não atravessava a porta com os seus próprios pés, era preciso que o noivo a carregasse para dentro de casa. Simbolicamente, esta tradição tinha o objetivo de encobrir o desejo da mulher de deixar a casa dos pais para se casar, passando a fazer parte de outro lar, sinônimo de culto, religião;
3. na casa do noivo, a mulher se aproximava do altar e tocava o fogo sagrado. Depois, rezavam-se orações e os noivos compartilhavam um bolo com os convidados, significando a união.

A mulher, ao perder sua família de origem e passar a fazer parte da família do marido, tornou-se destituída de uma identidade própria. Essa realidade atravessou os séculos e, até há algum tempo, eram comuns os casos de mulheres que, mesmo após a separação, permaneciam ligadas à família do ex-marido, inclusive morando na mesma casa. A maior individualidade e independência da mulher, tanto emocional quanto econômica, modificou significativamente esse quadro nos últimos anos, e o casamento assumiu mais verdadeiramente a sua condição de relacionamento amoroso de conotação sexual.

Essa mudança é responsável pelo engano que se comete de acreditar que os casamentos de agora são piores do que os do passado. O que ocorre é que o relacionamento conjugal se tornou mais verdadeiro e, portanto, mais exigente. As pessoas, principalmente as mulheres, não aceitam mais jogar fora suas vidas em uma relação que se tornou sem prazer ou afetivamente empobrecedora. Esse tipo de relação era tão ou mais freqüente no passado do que agora. Entretanto, a submissão escondia o sofrimento dos cônjuges, dando a impressão de que as relações eram mais consistentes. Além disso, o casamento se afastou da religiosidade, o que levou as separações a perderem o estigma de um grave pecado, capaz de impedir o ingresso do indivíduo no reino dos céus. A maioria das pessoas esclarecidas se convenceu da existência de apenas uma vida e de sua curta duração, esforçando-se para torná-la o mais feliz possível. O casamento deixou de ser representado por um ritual originário da antiga religião doméstica para se tornar símbolo de união estável, conforme foi reconhecido recentemente pela lei brasileira.

A importância concedida ao amor, à individualidade, à independência emocional e econômica e, principalmente, ao prazer sexual ao lado da maternidade e da paternidade em um mundo conturbado e transformado em aldeia global, evidentemente, expuseram o casamento a uma gama bem maior de exigências, gerando uma inversão pelo menos curiosa: antes, o desejo era reprimido e o preconceito consciente, enquanto hoje acontece o contrário, ou seja, as pessoas não têm dificuldade em revelar seus desejos e escondem seus preconceitos.

A FACE OCULTA DO CASAMENTO

Ainda relacionado com o amor, quem sabe eu possa dizer que a famosa afirmativa "o amor é cego" carece de fundamento, se levarmos em consideração que os nossos sentimentos não se encontram subordinados à razão, mas ao inconsciente – portanto, às nossas experiências afetivas passadas. Com base nas fantasias, nos conflitos, nas necessidades e nos anseios armazenados no inconsciente desde os nossos primeiros dias de vida, é possível afirmar que o amor até pode se fazer de cego, mas, na verdade, possui uma pontaria quase infalível. Isso quer dizer que as razões que apresentamos para casar com uma determinada pessoa geralmente não revelam as nossas verdadeiras motivações, as quais, embora não sejam em sua maioria acessíveis ao nosso consciente, exerçam uma influência marcante em nossas decisões.

O que estou procurando evidenciar é que o casamento, como resultado da existência de uma "face oculta", isto é, inconsciente (e, por isso, em grande parte desconhecida pelos cônjuges), oferece um enorme potencial de conflito, fato que ninguém hoje em dia tem dúvida se considerarmos, em primeiro lugar, que a maioria das pessoas que procura tratamento psicoterápico ou analítico o faz por se encontrar em uma situação conjugal complicada e, em segundo lugar, que mais da metade das pessoas que se casa acaba se separando. No entanto, os indivíduos de todas as partes do mundo, pobres ou ricos, continuam casando-se e, se ocorre separarem-se, voltam a casar uma, duas e até três vezes, evidenciando a existência de aspectos positivos no relacionamento a dois, mesmo quando os casamentos seguem sendo tão semelhantes ao primeiro. Por isso é que costumo lembrar que, diante de um fracasso do relacionamento conjugal, nem sempre a solução é trocar o cônjuge, como mais freqüentemente acontece, mas trocar o casamento, ou seja, o relacionamento mantido pelo casal.

A VERDADEIRA ALIANÇA DO CASAMENTO

Inicialmente, referi a importância do passado nas relações do casal, sendo nele que se encontram arraigadas as bases do *contrato secreto do casamento*, o qual se estrutura em torno das fantasias, dos conflitos, das necessidades e dos anseios dos cônjuges que, por serem em sua maioria inconscientes, não são revelados. O contrato secreto do casamento não nos diz nada da felicidade ou da infelicidade do relacionamento, nem mesmo se os cônjuges se amam ou se odeiam e se permanecerão ou não juntos pelo resto de suas vidas, mas se constitui na verdadeira aliança do casamento, determinando a nem sempre aceita mútua responsabilidade da relação conjugal.

Apontar o responsável pelo sucesso ou insucesso de um casamento geralmente resulta da escotomização dos inúmeráveis conluios que se estabelecem no relacionamento do casal. A psicopatologia individual de um homem ou de uma mulher não oferece nenhuma pista segura da psicopatologia do relacionamento dos mesmos ao se casarem, muito menos se manterão um vínculo estável ao longo da vida. A estabilidade do casamento decorre principalmente da reciprocidade e da complementaridade da relação, constituindo-se, portanto, no arcabouço do referido contrato secreto do casamento. Quando ocorre de um dos cônjuges alterar uma ou mais cláusulas do contrato secreto, estabelece-se o chamado *conflito conjugal*.

Esses conflitos decorrem do fato de o casamento reunir duas pessoas que, afora possuírem identidade sexual, experiências e valores diferentes, têm necessidades e expectativas que, na maioria das vezes, serão satisfeitas apenas parcialmente. Por essa razão, o conflito, quase diário em um relacionamento conjugal, é considerado inerente ao casamento. O que deve ser enfatizado é que o conflito traduz uma quebra da interação do casal e conseqüente estabilidade da relação conjugal, geralmente determinada pelo estabelecimento unilateral de novas ou maiores exigências por parte de um dos cônjuges.

Quando as exigências podem ser atendidas ou, ao contrário, reconhecidas pelo casal como absurdas, inadequadas ou inoportunas, o casamento volta a restabelecer o seu anterior estado de equilíbrio, proporcionando aos cônjuges maior conhecimento do outro e mais confiança na própria capacidade de enfrentar e de resolver situações difíceis. Na situação oposta, cria-se o que se convencionou chamar de *crise do casamento*, cuja continuidade instala o quadro de *desajuste conjugal*, marcado pela impossibilidade do casal de encontrar uma solução para um conflito, não raro criado pela própria evolução do casamento. Na maioria das vezes, isso ocorre quando os cônjuges têm dificuldade de reconhecer sua participação no conflito e, intransigentemente, procuram responsabilizar o outro pelo sofrimento experimentado. Se esse desajuste vai chegar a uma separação ou não, dependerá da capacidade de cada um dos cônjuges reconhecer a participação dos seus aspectos infantis no conflito e conseguir restabelecer a relação em bases mais realistas, reconhecendo no parceiro um indivíduo independente e que não quer mais representar um papel que atenda às suas necessidades infantis. Não obstante, temos de ter presente que o desajuste conjugal não é suficiente para levar a uma dissolução do casamento. Uma situação de desajuste conjugal, em que pese o desgaste e o sofrimento que acarreta aos cônjuges, pode perdurar por muitos anos, até mesmo por toda a vida de um casal. Muitas pessoas, como diz o verso de Lupicínio Rodrigues, acham que "é preferível brigar juntos do que chorar separados".

INFIDELIDADE CONJUGAL

Outra mudança do casamento moderno refere-se ao adultério, até há alguns anos uma característica marcadamente predominante no sexo masculino. Estudos americanos indicam que de 55 a 65% de todos os maridos e de 45 a 55% de todas as mulheres têm um ou mais relacionamentos extraconjugais antes de chegar aos 40 anos. Isso quer dizer que a infidelidade conjugal nos Estados Unidos ocorre em dois de cada três casais, envolvendo um ou os dois cônjuges. A pequena vantagem dos homens resulta da persistência de uma maior repressão entre as mulheres e da necessidade mais acentuada nos homens de exibir sua potência e sua capacidade de conquistar, de dominar e de enganar as mulheres. No entanto, deve ser destacado que, mesmo quando o adultério é praticado por apenas um dos cônjuges, freqüentemente a participação é dos dois.

Os nossos temores de perder a pessoa amada nos levam a ser muito injustos com os que praticam a infidelidade, se considerarmos que a tão reprovada infidelidade pode ser uma defesa contra a fidelidade, e a tão enaltecida fidelidade uma defesa contra a infidelidade. Devido à ameaça que os triângulos amorosos representam para a estabilidade dos relacionamentos, a sociedade costuma encará-los exclusivamente como uma condenável imoralidade. Entretanto, não podemos esquecer que eles são determinados por sentimentos, por necessidades e por anseios comuns a todos seres humanos, homens e mulheres, cujas raízes encontram-se na universal situação triangular edípica: o modelo amoroso humano, envolvendo o pai, a mãe e o bebê. A necessidade maior ou menor de estabelecer triângulos amorosos reais ou imaginários na vida adulta vai depender da maneira como o indivíduo elaborou a situação edípica infantil. O amadurecimento, é claro, encaminha para um relacionamento heterossexual com uma única pessoa, mas não podemos simplificar o significado dos triângulos amorosos. Um terceiro, ainda que imaginário, pode representar a tentativa de elaborar os conflitos infantis com o objetivo de consolidar o relacionamento conjugal.

A verdade é que as motivações do adultério podem ser geradas pelo próprio relacionamento conjugal, configurando diferentes tipos de triângulos amorosos. No *consentido*, um dos cônjuges mantém com o outro uma relação marcadamente maternal e tolera que ele se ligue a um terceiro, desobrigando-o de uma vida sexual. No *piedoso*, sempre existe uma limitação física ou psíquica que é reconhecida por aquele que se deixa enganar. No *perverso*, o outro é induzido a desempenhar um papel que satisfaz suas fantasias escoptofílicas ou homossexuais. No *maturativo*, também existe uma indução da infidelidade, mas o objetivo é a busca de um modelo ou ideal. No *tampão*, por meio de relacionamentos extraconjugais, o indivíduo atenua o temor de ser abandonado pelo cônjuge. O *oculto* é característico daqueles indivíduos que apresentam uma marcada divisão da personalidade, que os levam a estabelecer sempre relacionamentos simultâneos, às vezes permanentemente. Sob o nome de *triângulo amoroso por competição* descrevemos aquelas situações do casamento em que, principalmente os homens, sentem-se excluídos e tentam uma compensação através de um relacionamento extraconjugal, como ocorre quando a mulher encontra-se grávida ou se dedicando quase que exclusivamente ao filho recém-nascido. Trata-se de um caso de regressão provocada pelo nascimento de um filho, e a competição se estabelece com a criança. O *incestuoso* apresenta duas possibilidades: na primeira, o indivíduo, homem ou mulher, casa-se com alguém de sua faixa etária, mas estabelece um relacionamento extraconjugal com uma pessoa representativa da figura materna ou paterna; na segunda, o indivíduo casa-se com alguém que representa o objeto incestuoso e busca em outro mais jovem o satisfação sexual. O *vingativo* ocorre em situações em que a pessoa sente-se frustrada ou maltratada pelo cônjuge e faz tudo para que ele tome conhecimento de sua infidelidade. Finalmente, o tipo *reconstrutivo* refere-se àquelas situações em que o indivíduo reencontra-se com uma pessoa representativa do passado que, por alguma razão, foi deixada para trás e, mediante um relacionamento extraconjugal, tenta preencher uma lacuna em sua vida afetiva.

CASAMENTOS FELIZES

Não faz muito que um paciente e uma paciente, sem um não ter nada a ver com o outro, mas que me haviam procurado devido a problemas conjugais, em um curto intervalo de tempo me disseram a mesma coisa: "O bom seria se a gente pudesse ser casado e solteiro ao mesmo tempo!". Confesso que, inicialmente, não considerei essa revelação de duas pessoas de excelente nível intelectual e interessadas em melhorarem seus relacionamentos, tão absorto me encontrava com a questão que eu reputo como crucial no casamento, que é a importância dos cônjuges reconhecerem a necessidade de construir uma vida que sirva para dois, uma tarefa aparentemente simples, mas que as pessoas dificilmente se dispõem a pensar e, muito menos, realizar. Entretanto, em um segundo momento, me dei conta de que me encontrava diante de uma fantasia que, provavelmente, pudesse ter surgido não somente a esses dois pacientes, mas à maioria das pessoas, pelo menos alguma vez em sua vida de casado. Perguntei a um amigo muito ponderado, que mantém um relacionamento estável há vários anos, o que ele achava dessa idéia, e ele me respondeu apenas que, na prática, tal combinação seria impossível. Diante dessa resposta, me convenci de que, assim como em muitos momentos os solteiros desejam estar casados, também os casados em muitas oportunidades gostariam de ser solteiros. A prova dessa ambivalência são as tradicionais festas de despedida de solteiro que os amigos, principalmente os casados, preparam para quem vai casar. O teor dessas festas todos conhecem, e a novidade é que, atualmente, também as mulheres as estão fazendo.

O reconhecimento das vicissitudes de um relacionamento tão íntimo e prolongado como o casamento, reunindo pessoas com tantas diferenças, e a aceitação do conflito inevitável entre a vida imaginativa e a vida real constituem o alicerce indispensável de uma relação madura. Evidentemente, as receitas de um relacionamento conjugal feliz são inócuas porque não levam em consideração necessidades, anseios e conflitos inconscientes mobilizados pelo casamento. Contudo, a experiência nos mostra a existência de algumas características que são comuns aos casais que conseguem manter um relacionamento feliz por muitos anos. Essas características decorrem de capacidades pessoais dos cônjuges, adquiridas antes do casamento ou consolidadas nos primeiros anos de relacionamento conjugal. O conhecimento delas pode ajudar o indivíduo a identificar os pontos em que sua relação encontra-se vulnerável e, dentro do possível, empenhar-se para reforçá-los, o que, muitas vezes, é obtido através de uma psicoterapia de casal.

Entre as características de um relacionamento feliz, a mais importante é a individuação da família de origem. Na verdade, a maioria dos conflitos conjugais decorre de problemas de dependência e envolvimento com conflitos dos cônjuges relacionados com a família de origem. Eventualmente é apenas um que não consegue tornar-se independente dos pais, mas geralmente são os dois. Principalmente nesses casos, não raro as dificuldades são projetadas na família do outro, estabelecendo-se conflitos cruzados. Não se deve esquecer que o casamento constitui uma mudança radical na vida do ser humano, por meio da qual o indivíduo deixa sua família para estabelecer uma ligação afetiva com uma pessoa estranha ao seu grupo de origem e formar com ela o núcleo de uma nova família, passado da posição de filho, de provido, para a posição de pai, de provedor. O casamento, portanto, é muito mais do que uma cerimônia. Muitos pensam que todos os problemas do casamento encontram-se antes, na preparação da festa e da futura residência do casal. Dentre esses, alguns passam o dia na casa de origem e somente à noite se encontram em seu apartamento, não raro adquirido e decorado pelos pais. Nesses casos, o casamento representa apenas uma autorização familiar para os cônjuges manterem relações sexuais, e o traço predominante desse modelo de casal é a dependência, que pode encontrar-se associada a conflitos infantis não resolvidos que acabam sendo levados para debaixo das cobertas. Portanto, dificilmente um casal poderá estabelecer uma relação afetiva e sexualmente feliz se não tiver conseguido uma boa independência em relação aos pais e a consolidado nos primeiros anos de relacionamento conjugal. No entanto, como se sabe que ninguém se separa totalmente de sua família de origem, por mais independente que seja, tanto emocional quanto economicamente, a atitude madura é caracterizada pela capacidade de evitar que suas famílias se cruzem em conflitos, preservando o bom relacionamento entre ambas.

Provavelmente, a segunda característica de um relacionamento feliz, tão difícil de obter quanto a primeira, consiste em construir uma identidade marital que harmonize união e autonomia. Entre os casais que estabelecem uma relação que eles mesmos consideram feliz, observa-se que, embora os cônjuges compartilhem de atividades e interesses comuns, eles são capazes de manter outros afazeres que lhes são próprios. Como conseqüência, alguns "limites geográficos" são indispensáveis à vida do casal. Cada cônjuge deve ter um "canto" próprio no qual o outro, espontaneamente, evita interferir. Conclui-se, assim, que, apesar de em uma relação conjugal marido e mulher compartilharem grande parte do seu tempo, afeto e interesses, a individualidade é fundamental para uma boa estruturação do casamento e para que cada um possa ser o complemento do outro, e não uma extensão do outro. Faz parte dessa tarefa a capacidade de aceitar a história do cônjuge e o desconhecimento dos fatos que, por alguma razão, o outro deseja manter preservado. Dentre esses fatos, incluem-se as experiências sexuais e os relacionamentos afetivos prévios ao casamento.

Qualquer psicoterapeuta tem plena consciência de que o relacionamento sexual influi marcadamente sobre o curso da vida, representando a parte mais vulnerável da relação conjugal. Além disso, ele não desconhece que a relação sexual é particularmente suscetível às pressões internas e externas dos cônjuges. A experiência clínica, revela também que muitos casais mantém seu relacionamento apenas porque "na cama nos damos muito bem", ou, então, "se não fosse pelo sexo, tudo já teria terminado". Ao mesmo tempo, as chamadas *dificuldades sexuais* encontram-se dentre as causas mais freqüentes de desajustes conjugais. De acordo com Freud, o amor sexual é indubitavelmente uma das principais coisas da vida, e a união da satisfação mental e física no gozo do amor constitui um de seus pontos culminantes, acrescentando que todos sabem disso e conduzem sua vida dessa maneira; só a ciência é refinada demais para admiti-lo. Embora não de forma exclusiva, o casamento é uma relação fundamentalmente sexual ou, como eu conceituo, um relacionamento afetivo de conotação sexual, para diferenciar de outros relacionamentos afetivos que não possuem uma conotação eminentemente sexual.

Mesmo quando o casamento se faz entre pessoas independentes e autônomas que mantêm um relacionamento eminentemente sexual, conforme enfatizei, a dependência não deixa de existir, mas assume as características da vida adulta, que se define por uma "dependência madura", cujo marco principal é a capacidade do indivíduo independente de manter relações cooperativas com outros indivíduos também independentes. Tanto do ponto de vista biológico como do psicológico, a relação é naturalmente genital, envolvendo equivalência no dar e no receber. Somente em um relacionamento em que a dependência se estabelece em um nível de equivalência e cooperação é que o casamento pode tornar-se um lugar seguro para o amor, o ódio, o conflito, a dependência, a regressão, o brincar, o prazer proibido, o fracasso, o sucesso, a inveja, a decepção, a tristeza e, inevitavelmente, o envelhecimento.

Assim como existem casamentos que não têm espaço para filhos porque o casal estabelece uma relação de exclusividade absoluta entre ambos, constituindo um modelo bastante regressivo de vínculo afetivo, existem casamentos em que o nascimento de um filho põe fim à privacidade do casal, e a criança passa a dominar família, impedindo a intimidade física e emocional dos pais. Quando isso ocorre, o casamento tende a se esvaziar afetivamente e a perder seus atrativos, resumindo-se às tarefas de maternidade e de paternidade. O mesmo ocorre em relação às amizades, verdadeiras fontes de enriquecimento da relação conjugal, mas que podem ser usadas como uma forma de evitar que o casal fique sozinho.

Por outro lado, um bom casamento não requer um constante estado de serenidade. Assim como para viver, um certo nível de tensão entre os cônjuges é necessário, não a ponto de gerar angústia excessiva, mas o suficiente para evitar o tédio, que é o pior inimigo do relacionamento conjugal. Embora o casamento, inevitavelmente, envolva compromissos, privações e renúncias, ele deve representar uma fonte de prazer, de divertimento e de felicidade. Disse-me uma vez Antônio Luiz Pessanha, um psicanalista muito inteligente e alegre: "Acho que uma pessoa muito madura, de muito bom senso, é muito chata, assim como adultos que só brincam ou só aprontam. Creio que a pessoa mais adequada, mais agradável para se conviver, é aquela que tem um terço de criança para brincar, um terço de adolescente para ousar e um terço de adulto para assumir responsabilidades e pagar as contas". O que o colega quis acentuar é que o indivíduo adulto é aquele que consegue harmonizar, em uma medida certa, todas as etapas do desenvolvimento. O brincar faz parte de todas as etapas da vida; o que muda é o brinquedo. Uma vida conjugal sem alegria, sem divertimento, aponta para uma pseudomaturidade do marido, da mulher ou de ambos.

Por último, nas relações conjugais duradouras e felizes, observa-se que, ao lado da aceitação de inevitáveis conflitos e decepções, que se revelam a cada dia de um vínculo tão íntimo quanto o casamento, permanece o desejo e o enamoramento iniciais, mesmo em idade avançada. Para que esta condição de felicidade seja alcançada, é indispensável que o indivíduo reconheça a necessidade de uma permanente dose de idealização no relacionamento conjugal ao lado de um nível eficiente de atração e de interesse.

COMENTÁRIOS

Lacan disse que o casamento é a união de uma pessoa que promete o que não tem para outra que não existe. A afirmativa não é errada, mas, se fosse só isso, toda relação conjugal estaria fadada ao fracasso. Neste sentido, ela é excessivamente radical, não levando em consideração nossas motivações para casar. Na verdade, casamo-nos para obter determinadas satisfações que somente podem ser obtidas mediante uma permanência conjunta prolongada e para nos sentirmos acompanhados e auxiliados em várias tarefas. Para tanto, necessitamos escolher uma pessoa disposta a partilhar conosco tal objetivo, supondo-se que a essa afinidade deva-se adicionar uma elevada dose de admiração e de desejo sexual. Para que essa união se mantenha plenamente satisfatória, além disso, é indispensável que a relação se modifique com o passar dos anos, desdobrando-se em muitos casamentos.

O relacionamento conjugal se divide, basicamente, em duas etapas. A primeira etapa, narcisista, é a da paixão e do encantamento, da negação da agressão, do distanciamento da realidade, da ilusão e, mais do que tudo, da idealização do outro. Na idealização, o outro não é o que é, mas aquele que nós desejamos que seja, ou seja, uma projeção de nós mesmos. Diferentemente da primeira etapa, caracterizada pela fusão, na segunda existe uma maior diferenciação e o outro é reconhecido com seus defeitos e virtudes: é o amor no tempo da realidade! Apesar da inevitabilidade dessa mudança em todos relacionamentos amorosos representar um avanço no relacionamento conjugal, os casamentos mais satisfatórios são aqueles que conservam um relicário do tempo da paixão.

Mesmo em condições tão favoráveis quanto as descritas, o casamento não é exatamente um mar de rosas, e os cônjuges, além de terem essa idéia presente, não devem impor-se a obrigação de manter um relacionamento perfeito. Mesmo no casamento plenamente satisfatório, não existe um equilíbrio constante. O básico é o desequilíbrio, e o equilíbrio, uma permanente busca. Essa descontinuidade das relações conjugais, mobilizando tanto o amor quanto a agressão dos cônjuges, proporciona riqueza e intensidade à vida do casal, que atinge o melhor que ela pode ser: *good enough*!

Um dos problemas com que se defronta a relação conjugal é o desejo infantil dos cônjuges de ser amado incondicionalmente, desvalorizando qualquer outra forma de relação amorosa. No entanto, a vida adulta exige reciprocidade no dar e receber, correspondendo a uma renúncia da forma infantil de amar. Temos de aceitar que não somos os únicos para o outro, que não ocupamos o mesmo lugar que desejávamos ou imaginávamos ocupar na mente dos pais quando éramos crianças. No amor maduro, há a necessidade de mantermos a chama do outro acesa para que ele não permita que a nossa se apague. Para que esse objetivo seja atingido, é indispensável o empenho de se manter uma pessoa desejável para o outro. A indissolubilidade do casamento opera contra esta possibilidade de crescimento da relação conjugal.

O material de R., uma paciente divorciada, ilustra com clareza um aspecto muito importante que é a inevitabilidade do conflito no casamento e a necessidade de reconhecê-lo e de enfrentá-lo para evitar que, assim como um incêndio, se alastre e acabe destruindo a relação. Ela contou que, em um jantar, as pessoas haviam comentado com surpresa a separação de um casal considerado perfeito por todos. Naquela noite, sonhou que foi a uma festa na casa de um casal que conhece há vários anos e que vive muito bem. No sonho, a casa era muito linda e haviam muitas pessoas vestidas com elegância, demonstrando alegria e descontração. Ela foi ao banheiro, que era todo de vidro e percebeu que havia fogo dentro dos canos. Apesar disso, todos seguiam, conversando despreocupadamente, indiferentes à catástrofe que se avizinhava. Assustou-se com o fato de que, encontrando-se o fogo dentro dos canos, o problema não tinha solução: o incêndio tomaria conta da casa. Comentou que, quando estava dentro daquele banheiro, teve a sensação de já ter estado naquela casa anteriormente, relacionando essa associação com o seu casamento, que parecia para todos muito feliz enquanto se consumia em conflitos que não eram encarados nem, muito menos, resolvidos. Os conflitos no casamento são como incêndios que, quando são aparentes e localizados, podem ser apagados pelo casal. A grande ameaça aos relacionamentos conjugais são os incêndios dentro dos canos, que podem destruir a casa toda, como ocorre nos casamentos aparentemente sem conflitos.

As pessoas costumam afirmar que, nos casamentos que dão certo, os cônjuges evidenciam possuir algo em comum, embora não consigam definir exatamente em que consiste esse ponto de comunicação e de entrosamento do relacionamento conjugal. Acredito que essa dificuldade ocorra pelo fato de não ser aparente, ou seja, por não pertencer ao que é falado, mas ao que é sonhado. A minha tese, portanto, é que os casais que conseguem seguir juntos com harmonia, com felicidade e com prazer são aqueles que têm sonhos em comum.

Resumindo, podemos dizer que o maior desafio do casamento consiste em manter uma vida para dois. Trata-se de uma tarefa permanente, inatingível em sua plenitude, mas que move a vida para frente, amenizando a passagem do tempo.

4

Quando casamos, já não somos mais os mesmos

INTRODUÇÃO

Tanto no convívio social quanto no âmbito profissional, freqüentemente nos deparamos com a afirmação de que quando alguém se casa já não é mais o mesmo. Diante dessa presunção, um grupo de estudos sobre relações conjugais que compartilhei com Antônio Louzada, Cláudia Rosa e Cynara Kopittke em 1995 levantou as seguintes perguntas:

1. O casamento implica a formação de uma identidade de casal?
2. O sujeito modifica a sua identidade ao se casar?
3. Caso ocorram modificações, elas permanecem após a separação do casal?

Para responder a essas perguntas, inicialmente vou discorrer sobre os conceitos de identificação e de identidade, para depois abordar sua repercussão no relacionamento conjugal, tomando como exemplos dois casos clínicos bastante ilustrativos das mudanças individuais propiciadas pelo casamento.

IDENTIFICAÇÃO

A identificação é a mais remota expressão de um laço emocional com outra pessoa e intervém em toda relação humana. Na verdade, o ego, o superego, o ideal do ego e o caráter, enfim, a personalidade do indivíduo como um todo e suas interações afetivas com os demais, resultam de sucessivas identificações desde as primeiras semanas de vida. O objeto da identificação é alguém afetivamente importante para o indivíduo, destacando-se, no início, os pais, depois os irmãos, os avós, tios, primos, professores, colegas, amigos ou qualquer outra pessoa com a qual se relacione. Como disse Freud, nós somos um precipitado de identificações. No entanto, na maioria das vezes, a identificação não se faz exatamente com uma pessoa, mas com representações, ou seja, aspectos valorizados dessa pessoa. Por meio da identificação, o indivíduo percebe como próprias uma ou mais características de uma determinada pessoa que se tornou significativa para ele, enquanto prossegue seu vínculo com essa pessoa. Uma identificação dessa natureza pode adquirir uma relativa autonomia de suas origens.

IDENTIDADE INDIVIDUAL

Ao falarmos em identidade, estamos nos referindo à capacidade interna do ser humano de se sentir o mesmo apesar das transformações e mudanças que possam ocorrer ao longo de sua vida. Basicamente, a formação da identidade se estabelece a partir da assimilação do conjunto das identificações fragmentárias da infância, consolidando-se no final da adolescência. Por essa razão, o processo de formação da identidade depende, predominantemente, da relação satisfatória com a mãe e, na seqüência, com a família em sua totalidade. Não obstante, a formação da identidade mais madura reflete o grau de desenvolvimento do ego, o qual obtém apoio para o desempenho de suas funções nos recursos de uma comunidade mais ampla. Apesar de a identidade conferir ao indivíduo uma certa e necessária estabilidade, o sentimento de identidade é algo dinâmico, progressivo e sensível a mudanças e se estabelece como resultado de uma inter-relação contínua entre os vínculos de integração do indivíduo com ele mesmo, com as diversas partes do seu corpo, com o próprio ciclo evolutivo e com o meio social ao qual pertence. É no vínculo de integração social que se inserem os questionamentos iniciais relativos ao vínculo conjugal e sua relação com a identidade individual.

A RELAÇÃO CONJUGAL

O casamento é um ato marcante no qual duas pessoas de diferentes origens e experiências – portanto, até certo ponto estranhas – reúnem-se e redefinem-se a si próprias na tentativa de construir uma relação em que possam desfrutar os prazeres inerentes à vida a dois e continuar o seu desenvolvimento. Para que isso seja possível, cada um dos parceiros necessita compartilhar uma série de interesses e de valores nem sempre coincidentes, dividir o que até então lhe era privado e atender aos desejos e às necessidades que pertencem exclusivamente ao outro, na expectativa de também ter os seus desejos e necessidades atendidos. A transformação dos vínculos parentais na nova unidade representável do próprio casal causa sofrimento pelo desprendimento do passado e também pela dificuldade de consolidar a tão desejada relação conjugal. O enamoramento constitui um modelo ilusório de relacionamento que ajuda a enfrentar a dor mental determinada pela descontinuidade criada pelo casamento. Por outro lado, os diversos modelos individuais de relacionamento não se ajustam como uma chave moldada para uma determinada fechadura, obrigando os cônjuges a desistirem de certos aspectos de sua identidade e a se identificarem com certos aspectos do outro, tendo em vista propiciar e obter a satisfação dos anseios e desejos fortemente acalentados por ambos. Contudo, para que essa plenitude seja atingida, é indispensável que cada um dos cônjuges participe deste interjogo identificatório podendo sentir que segue sendo ele mesmo e que, apesar da intensidade de sua ligação amorosa e da dependência em relação ao outro, não perdeu a autonomia. Esta dupla-face da relação conjugal representa o mais marcante e fundamental paradoxo do casamento, responsável pela intensidade do sentimentos mobilizados nas múltiplas interações afetivas engendradas pela vida a dois.

CASOS CLÍNICOS

Caso 1

F. e C., ele judeu e ela católica, quando do nascimento do primeiro filho, viram-se frente a um dilema imposto pela família dele. Os pais de F., inconformados com o casamento do filho com uma *gói*, aproveitaram-se do nascimento do neto para insistirem na conversão da nora ao judaísmo sob a alegação de que seria desfavorável ao desenvolvimento emocional do menino conviver com duas crenças religiosas em casa, estabelecendo-se um conflito de difícil solução para o mesmo. Após um período de forte pressão exercida através de preleções e sedutoras promessas de recompensas, F. habilmente comunicou aos pais que, refletindo melhor sobre os argumentos deles, começara a pensar na possibilidade de se converter ao catolicismo para que o filho se criasse dentro de uma única religião. Surpreendidos pela inesperada solução encontrada pelo filho, os pais de F. nunca mais tocaram no assunto. Evidentemente, F. não se converteu ao catolicismo, e o menino não chegou a ser batizado em nenhuma religião. O relacionamento de F. e C. reforça a idéia da existência de uma identidade de casal e, ao mesmo tempo, de que o indivíduo, ao se casar, de alguma maneira modifica a sua identidade. De fato, F. e C. chegaram ao casamento com duas identidades religiosas bem-definidas marcadas pelo batismo. No entanto, ao não pretenderem impor a sua própria religião, revelaram encontrarem-se identificados um com o outro. Simultaneamente, ao não se submeterem às exigências dos pais de F., constituíram uma nova família, com uma identidade própria: nem judia, nem católica. Esta decisão os desobrigou de abrir mão de suas identidades familiares de origem que, neste caso, foi respeitada por ambos. As bagagens individuais e distintas de F. e C., ao interagirem harmoniosamente, cederam lugar à construção de um espaço novo compartilhado pelo casal. O respeito às diferenças religiosas observado nesse caso e a solução encontrada pelo casal para resolver o impasse criado pelos pais de F. indica uma razoável resolução dos conflitos infantis de ambos. Apesar de se manterem identificados com os pais, criaram com o casamento uma relação própria, única e diferente de suas relações familiares. Em outras palavras, a marca do casamento criou uma descontinuidade e levou-os a, mesmo mantendo suas identidade originais, não serem mais os mesmos.

Caso 2

R. procurou tratamento após uma separação por se encontrar muito deprimido. Aos poucos, foi se dando conta de que, ao longo de 15 anos de casamento, havia adquirido características que agora começava a perceber que não lhe pertencem. Embora proveniente de família do interior muito simples, mas descontraída e alegre, ao casar-se ainda muito jovem com uma mulher de família tradicional que desfrutava de uma vida luxuosa, acabou tornando-se um homem requintado e formal, muito parecido com o sogro. Apercebeu-se que essa mudança representara uma forma de manter o relacionamento com a esposa, que idealizava o pai e era muito dependente dele. Na medida em que R. foi readquirindo seu jeito simples, descontraído e alegre, sentiu-se como se tivesse tirado uma roupa muito apertada que lhe impedia os movimentos. No entanto, ao reconhecer que aceitara esta submissão devido a conflitos infantis que o haviam levado a desvalorizar a figura paterna, não se sentiu prejudicado pela ex-esposa, com a qual, apesar de tudo, mantivera um relacionamento de muito companheirismo. Passado um bom tempo da separação, R. encontrou a ex-esposa em uma recepção e sentiu-se muito feliz por ter observado que a mesma apresentava uma excelente forma física. Na sessão, tomou consciência de que o sentimento que experimentara se devia, na verdade, ao fato de ele se encontrar em excelente forma física, resultado do costume de correr e praticar esportes que assimilara da ex-esposa e que permanecera entre os seus hábitos sem que se desse conta de sua origem, conforme sugere a terceira pergunta. O caso ilustra dois tipos de identificação: um denominado de identificação projetiva que, neste caso, foi estabelecida com o sogro, e outro denominado de identificação introjetiva, esta com a ex-esposa. O primeiro tipo geralmente se faz com pessoas idealizadas. Devido ao seu caráter conflitivo, não chega a se integrar à personalidade do indivíduo. Opostamente, o segundo resulta de um vínculo não-conflitivo e tende a se incorporar à personalidade da pessoa, como ocorreu com R.

COMENTÁRIOS

Embora a identidade se estruture com base nos relacionamentos infantis do indivíduo, ela não é rígida e vai modificando-se ao longo da vida diante de novas experiências emocionais significativas, entre as quais se destaca o casamento. A relação conjugal implica uma permanente troca de identificações projetivas e introjetivas que, por um lado, reproduz o universo das relações infantis e, por outro, abre um novo campo de relacionamento no qual se estabelecem interações diferentes das anteriores que, embora não necessariamente desestabilize o sentimento do indivíduo em continuar sendo o mesmo, envolve uma mudança de identidade. Essa nova identidade criada pelo casamento é, em grande parte, responsável pela estabilidade do vínculo conjugal, na medida em que funciona como um contrapeso dos conflitos infantis de cada cônjuge no equilíbrio da relação matrimonial. Quando as identificações projetivas são maciças, o indivíduo pode submeter-se às necessidades infantis do outro, abrindo mão da sua própria identidade. Neste caso, o relacionamento do casal tende ao empobrecimento, tendo em vista que não propicia a formação de uma identidade de casal, ocorrendo apenas uma reprodução do cenário infantil de um ou ambos os cônjuges. Sendo assim, é possível afirmar que, como conseqüência de uma má resolução dos conflitos infantis, a identidade de casal nem sempre se estrutura em um relacionamento conjugal, mantendo os cônjuges fixados em seus vínculos familiares. Por outro lado, sempre ocorrem modificações na identidade dos cônjuges devido a mudanças ocorridas principalmente no vínculo de integração social do sentimento de identidade dos mesmos. Algumas dessas modificações permanecerão após a separação do casal e outras não, dependendo da natureza das identificações: introjetivas no primeiro caso e projetivas no segundo.

5

Caminho sem volta

INTRODUÇÃO

Mobilizado pela minha própria condição de primogênito, aceitei orientar dois trabalhos de conclusão de curso de especialização em psiquiatria sobre o assunto: *O primogênito: estudo de 10 casos*, de Nelson Langer dos Santos (UFRGS, 1987) e *Paternidade: sentimentos ambivalentes do pai em relação ao nascimento do primogênito*, de Renato Lajús Breda (Instituto de Pós-Graduação Médica Carlos Chagas, 1992). O aprendizado com esses excelentes estudos estimulou uma reflexão sobre o impacto do nascimento de um filho, com repercussões na vida emocional do indivíduo e no relacionamento do casal, constituindo um verdadeiro conflito da vida real.

COMPORTAMENTO ESPERADO

B., um paciente de 29 anos, comentou: "Ontem à noite, minha mulher disse-me que vai parar com a pílula porque está querendo engravidar. Acordei-me pesado, sentindo-me velho e com a impressão de que nunca mais vou poder aproveitar a vida. Não terei mais liberdade. Apavora-me a idéia de que o filho vai me tirar tudo!". Desabafos tão dramáticos quanto esse não são comuns, embora expresse vários sentimentos que, em maior ou menor grau, costumam ser experimentados por todas as pessoas. No entanto, em resposta a uma exigência social, homens e mulheres sentem-se na obrigação de enfatizar apenas a satisfação que representa o nascimento de um filho. Apesar disso, na prática, observamos uma série de fatos, aparentemente sem conexão com o nascimento de um filho, que indica a presença de sentimentos que o indivíduo e a sociedade, nesta ocasião, costumam esconder. Isso ocorre porque não se concede aos pais o direito de mostrar qualquer insatisfação com o nascimento de um filho, exigindo-se que reajam, exclusivamente, com manifestações de plena aceitação, indicando com essa atitude maturidade e responsabilidade. Contudo, esta não é a realidade, nem poderia ser, pois o nascimento de um filho mobiliza nos indivíduos inúmeros conflitos, os quais, se forem negados ou reprimidos, poderão determinar o surgimento de perturbações no relacionamento conjugal com repercussões na educação da prole.

Embora, como decorrência de identificações parentais precocemente estabelecidas, exista em mulheres e homens de todas as idades o anseio de maternidade e de paternidade, ou seja, o desejo de ocupar o tão valorizado lugar na família de mãe e pai, o caso citado ilustra que a idéia de ter um filho não é tão simples. Na realidade, o nascimento de um filho mobiliza uma angústia muito intensa, satirizada por pais aflitos caminhando em círculos e fumando vários cigarros em uma sala de espera da maternidade. Através do humor, procura-se disfarçar e aliviar as fantasias vividas durante esta experiência marcante e irreversível que é tornar-se pai. Constitui um verdadeiro caminho sem volta, pois, a partir de então, o indivíduo não poderá mais deixar de sê-lo: atingiu a tão desejada e, ao mesmo tempo, temida posição de pai, na qual se confronta com suas relações e identificações com seu próprio pai e com o filho que nasceu. Por essa razão, o nascimento de um filho desperta sentimentos conflitantes e contraditórios nos pais. Na relação que estabelecem com o recém-nascido, afetos primitivos e ambivalentes são reativados: se, por um lado, o filho lhes traz alegrias e representa sua continuidade no tempo, sua possibilidade de transcedência, por outro lado, lhes evidencia a transitoriedade de sua existência e obriga à renúncia necessária de alguns aspectos desta vida para que o filho siga vivendo.

COMPROMISSO JAMAIS ASSUMIDO

O nascimento de um filho obriga os pais a se confrontarem com o envelhecimento: agora ele será pai, ela será mãe, o elo entre o filho e seus próprios pais na cadeia das gerações. Jamais haviam assumido um compromisso tão grande e tão definitivo em suas vidas. Percebem claramente que se sentirão responsáveis por aquele ser que geraram até o seu último minuto da vida. Tudo o que desejaram, criticaram e desvalorizaram nos pais poderá voltar-se contra eles, bem como as idealizações que fizeram de seus pais, as quais se sentirão obrigados a corresponderem, aumentando o grau de exigência com eles próprios. A mãe terá preocupações com a sobrevivência do filho recém-nascido e se sentirá responsável por tudo o que ocorrer com ele. O pai terá de assumir responsabilidades que até então não lhe eram exigidas: deverá prover e dar sustentação econômica, social e emocional para a esposa e para o filho. Perderá horas de lazer, de sono, de sexo e de atenção de sua mulher em função do filho que acaba de nascer. Ele, que possuía a esposa só para si, em uma relação diádica, passará a dividi-la com o filho, revivendo uma situação triangular da infância com os pais em que, mais uma vez, será o terceiro excluído. Vejamos dois exemplos:

A. tinha 29 anos quando se casou com um homem maduro e bem situado economicamente, possibilitando proporcionar a satisfação de todas as exigências da esposa. Após dois anos de excelente relacionamento com o marido, A. resolveu engravidar, o que ocorreu em seguida. Após o nascimento de uma filha, o casal entrou em um processo de deterioração progressiva de seu relacionamento, como decorrência de uma também progressiva modificação do comportamento da esposa. A. tornara-se uma adolescente de 16, 17 anos e se queixava que o marido a privara de desfrutar a vida. Neste caso, se observa uma regressão defensiva para fugir da responsabilidade de assumir a posição de mãe da menininha que gerara e que, agora, era quem passava a ocupar o lugar de filha do "pai-mãe-marido".

Ao iniciar, pela segunda vez, um relacionamento extraconjugal durante a gravidez de sua mulher, C. suspeitou de que esta conduta poderia estar relacionada com a iminência do nascimento de um filho e decidiu procurar um terapeuta. Na psicoterapia que iniciou neste momento, ainda pôde se dar conta de que nas duas situações procurara evitar sentir-se substituído pelo filho nos cuidados que recebia da mulher. Na verdade, ele não desejava perder a posição de filho, tanto que os seus dois relacionamentos extraconjugais se estabeleceram com mulheres mais velhas do que ele, que não tinham filhos e que cuidavam de uma parte de suas tarefas na atividade profissional que desenvolvia. O mais chamativo neste caso é que C. dizia desejar um filho e planejara com a mulher as duas gestações.

CARACTERÍSTICAS DO AMOR PATERNO

O último exemplo citado ilustra a ambivalência em relação à almejada posição de pai, observada desde as origens da história e da cultura como revelam os mitos básicos da humanidade e as descobertas antropológicas.

De acordo com a mitologia grega, Cronos, com a ajuda e orientação da mãe, conseguiu castrar Urano, seu pai. Sucedeu-o no trono do universo e, por temer que sua descendência o suplantasse, comia cada um dos seus próprios filhos conforme iam nascendo.

Entre os semitas da Ásia Ocidental, era um costume tradicional os governantes sacrificarem seus filhos para protegerem a nação em momento de grande ameaça.

Os primitivos Daiak proíbem o homem que vai se tornar pai de lidar com utensílios que possam causar ferimento ou matar.

Nas Caraíbas, o novo pai é punido como se tivesse cometido (inconscientemente) um crime contra o filho recém-nascido.

De acordo com a superstição, o filho é o avô ressuscitado e traz com ele as ameaças paternas. Essa relação é evidenciada pela freqüência com que o nome dos avós é dado aos netos, geralmente por sugestão do pai do mesmo sexo, representando em muitos casos um misto de homenagem, determinismo inconsciente e submissão culposa. Diz o Senhor a Abraão (Gênesis, 22): "Toma a Isaac teu filho único, a quem tu tanto amas, vai à terra da visão e o oferece em holocausto".

O eterno mito grego do rei Laio, que abandonou seu filho Édipo no deserto para que morresse, evidencia a ameaça expressa pelo oráculo e os sentimentos de inveja que o nascimento de um filho desperta. Normalmente, esses sentimentos hostis são suplantados pela alegria e exaltação provocadas pela paternidade.

No primeiro trabalho citado na Introdução deste capítulo, os 10 pais entrevistados imediatamente após o nascimento do primeiro filho 7 referiram ter experimentado durante o parto temores de que a mulher morresse, o recém-nascido apresentasse malformações (8), fosse trocado ou roubado (6) ou viesse a falecer (3). Com exceção de duas, as oito demais gestações haviam sido desejadas, e os maridos referiram terem aumentado seu apreço, seu temor e sua aproximação de suas mulheres após a concepção. Apesar disso, na totalidade da amostra, houve diminuição da atividade sexual com a mulher durante a gravidez. Em muitos casos, esta atitude decorre do medo de prejudicar a gestação e também o bebê como expressão de fantasias agressivas inconscientes.

Mas, se apesar da angústia, do sofrimento, do medo e da hostilidade que o seu nascimento provoca, o homem almeja possuir um filho, é porque existe nele um desejo de paternidade que se deve a fatores hereditários inatos que levam o adulto a tender ao cuidado da cria e às identificações com o filho, com o próprio pai, com a própria mãe e com a esposa. Dessas identificações, a mais importante é a que se estabelece com a esposa, mãe de seu filho, que se constitui em uma defesa ante a perda transitória e parcial da mulher, condicionando a aquisição de atitudes maternais que contribuem para o sentimento de paternidade. Ao mesmo tempo, surgem nesta fase inicial ressentimentos e ódio inconscientes contra o filho. O pai sente-se posto de lado pelo filho na relação exclusiva com a mulher-mãe e deseja recuperar sua posição, experimentando, paralelamente, uma profunda satisfação narcisista e uma sensação de potência por sua capacidade comprovada de procriar. O nascimento de um filho ajuda o homem a superar a angústia de castração.

Ao observarmos certas atitudes exageradas que muitos pais assumem em relação aos filhos, temos de reconhecer nelas uma revivescência de seu próprio narcisismo. Freud diz que esses pais se acham sob a compulsão de atribuir todas as perfeições ao filho e de ocultar e esquecer todas as deficiências dele. Afora isso, sentem-se inclinados a suspender, em favor da criança, o funcionamento de todas aquisições culturais que seu próprio narcisismo foi forçado a respeitar e a renovar em nome dela as reivindicações dos privilégios há muito por eles próprios abandonados. Freud acrescenta que, nestes casos, a doença, a morte, a renúncia ao prazer e restrições à sua vontade própria não o atingirão: as leis da natureza e da sociedade serão ab-rogadas a seu favor; ela será realmente o centro e o âmago da criação – "Sua Majestade, o Bebê" –, como outrora os próprios pais se imaginavam. A criança – acentua Freud – concretizará o sonho dourado que os próprios pais jamais realizaram: o menino se tornará um grande homem e um herói em lugar do pai, e a menina se casará com um príncipe como uma recompensa tardia para a mãe. Portanto, o amor dos pais, tão comovedor e no fundo tão infantil, nada mais é do que o narcisismo renascido dos pais, conclui Freud.

No desenvolvimento psicossexual normal do menino, existe uma fase em que se equipara à mãe e deseja, como ela, gerar e cuidar de bebês. Esse desejo é posteriormente reprimido, mas ressurge quando nasce um filho. O homem, por rejeição de seus aspectos femininos, por ressentimentos e rivalidade frente à mulher, esquece sua participação ativa na procriação e não se aproxima do filho ou não o sente como próprio. Além disso, o pai, especialmente quando muito jovem, pode sentir-se sobrecarregado com o nascimento de um filho como decorrência de uma dupla responsabilidade: crescer e fazer crescer ao mesmo tempo.

CARACTERÍSTICAS DO AMOR MATERNO

De acordo com Rascovsky, mediante a maternidade, a mulher alcança a sua mais produtiva capacidade, a qual o homem jamais alcançará, porque é a mulher que tem o privilégio de possuir a suprema capacidade criadora, que assegura ao ser humano o verdadeiro sentido de eternidade que representa a transcedência através dos filhos no sentido individual e através da nova geração no sentido social. Contudo, Badinter questiona que, tendo em vista, ser o amor materno necessário à sobrevivência da criança, por essa razão não se teria chegado à conclusão de que o mesmo existe necessariamente? Não teríamos a tendência de confundir determinismo social e imperativo biológico? Através dessas perguntas, Badinter procura colocar em cheque o caráter inquestionável do amor materno, equiparando-o a um mito religioso. Conforme essa linha de pensamento, o amor materno perde o *status* de impulso inato para se tornar uma aquisição obtida mediante o convívio com o filho. Conseqüentemente, perde o sentido a concepção de que toda a mulher é feita para sem mãe, uma boa mãe, e que toda exceção deve ser considerada patológica.

O dicionário Larousse descreve o instinto materno como uma tendência primordial que cria em toda mulher normal um desejo de maternidade e que, uma vez satisfeito esse desejo, incita a mulher a zelar pela proteção física e moral dos filhos. Badinter critica essa definição, porque acredita que uma mulher pode ser normal sem ser mãe e porque nem toda mãe tem uma pulsão irresistível de se ocupar do filho. Ela responsabiliza a psicanálise de ter designado a mulher como grande responsável pela felicidade do seu rebento, uma missão terrível que acaba por definir o seu papel. A exaltação do papel materno resultou em uma condenação às mulheres que não desejam ou não conseguem cumpri-lo com perfeição. Após refutar tanto a "mãe psicanalítica" quanto a "mãe biológica" em favor de uma "mãe condicionada culturalmente", esta filósofa acaba por dizer que, para ela, o inconsciente feminino predomina amplamente sobre os seus processos hormonais, lembrando que a amamentação no seio e os gritos do recém-nascido estão longe de provocar em todas mães as mesmas atitudes.

Provavelmente possamos dizer que a maternidade reúne diversos fatores que interferem no relacionamento da mãe com o filho que nasce. Esses fatores são uma matriz psicobiológica constitucional, as experiências infantis da mãe, em particular suas identificações, o meio cultural do qual faz parte, as interações com o cônjuge e as características inatas da criança. Os conflitos que resultam da mobilização de todos esses fatores levam o amor materno a se revelar, em determinados contextos, particularmente ambivalente. O nascimento de um filho leva a mulher a estabelecer no inconsciente uma relação com a figura paterna. Em contrapartida, no caso do nascimento de uma filha, a relação infantil revivida é com a mãe. A ambivalência de afetos que "ressurgem" nesta relação tem como origem a concomitância de sentimentos amorosos e hostis dirigidos à mãe da infância. O inconsciente obedece à lei de Talião: "Olho por olho, dente por dente". Isso significa que a voracidade e a inveja excessivas experimentadas na infância pela mulher em relação à sua mãe podem voltar-se contra ela no momento em que também se torna mãe e tem diante de si um bebê, com o qual se identifica, que a ama e a odeia. Os sonhos de mulheres logo após o nascimento de um filho, freqüentemente, revelam uma intensa competição oral com a criança e desejos de pôr fim à mesma, que somente chegam à consciência nas chamadas psicoses pós-parto. Exemplos:

a) Histórias infantis:
Branca de Neve. A madrasta má, com inveja da beleza da enteada, pede a um empregado que a mate e traga seu coração para comer.
João e Maria. Impedidos pela pobreza de seguir alimentando os filhos, os pais resolvem abandoná-los no bosque. A bruxa prende-os e engorda Joãozinho para comê-lo assado.
b) Mitologia:
Mito de Tântalo. Matou seu próprio filho e serviu aos deuses. A mãe, Ceres, deusa da fertilidade, foi a única que comeu este terrível manjar.
Vehinihai. Mito das ilhas Marquesas segundo o qual mulheres selvagens roubam as crianças recém-nascidas de suas mães e as comem.
c) Psicopatologia da vida cotidiana:
Mito (moderno) da criança assada. Periodicamente, em muitas cidades, em diversos países, corre o rumor, com variadas versões, de que

um jovem casal foi ao cinema à noite e deixou o filho pequeno aos cuidados de uma empregada recém-contratada. Ao retornarem, a empregada os convida a passarem à sala de jantar. Entram e encontram sobre a mesa uma grande travessa com o filho assado.

Clínica. L., 28 anos, após o nascimento da filha tornou-se excessivamente exigente com o marido, que necessitava dispensar a ela quase os mesmos cuidados que ela dispensava à filha. L., ao nascer, não recebera suficientes cuidados da mãe, que se encontrava em um processo de luto devido ao falecimento, na véspera, de sua própria mãe. Este exemplo ilustra a transmissão de experiências traumáticas através das gerações.

FILHOS, POR QUE FILHOS?

A psicanálise evidenciou que, quando um indivíduo teme por sua sobrevivência, seu desejo de reprodução se converte em um processo de reparação, uma maneira de superar a angústia de morte. Os filhos, além de mitigarem as perdas dos próprios pais, servem como atenuantes da inaceitável transitoriedade da vida. Além disso, os ritos, as religiões, os costumes e a organização socioeconômica testemunham a necessidade do homem de sobreviver no filho do mesmo sexo, muitas vezes projetando no recém-nascido sua auto-realização. Essa projeção representa um compromisso transmitido de geração para geração, que o indivíduo, antes mesmo de nascer, recebe a incumbência de cumprir.

Ao mesmo tempo em que essa atitude em relação ao filho recém-nascido confere esperanças e satisfações de continuidade e futura auto-realização, confronta o pai com a sua própria realidade, principalmente a inexorável realidade da passagem do tempo. Por isso, mesmo fortemente ambicionada, a identificação com o filho não está isenta de conflitos. Por essa razão, o desejo de ter filhos do sexo oposto pode representar uma defesa inconsciente contra os conflitos experimentados na infância com o progenitor do mesmo sexo.

Em determinadas culturas, incluindo-se a nossa, para muitas famílias, por razões geralmente identificáveis, o nascimento de um menino é mais valorizado do que o nascimento de uma menina, inclusive pelas mães. Ilustram esse preconceito os casos de meninas que recebem como nome o feminino do nome do pai, podendo representar um consolo que a mulher propicia ao marido. Não obstante, a análise dos extratos mais profundos do inconsciente feminino revela a tendência biológica de reproduzir a si mesma na filha. O que eu penso é que, na verdade, tanto a maternidade quanto a paternidade são dois processos complementares, com uma raiz biológica, que se desenvolvem dentro de uma cultura social cujo objetivo principal é resguardar o desenvolvimento da prole.

O SEXO DEPOIS DO NASCIMENTO DE UM FILHO

A mudança no interesse sexual pelo cônjuge após o nascimento de um filho é uma queixa que encontra na psicanálise uma explicação muito simples: com o nascimento do filho, a esposa torna-se mãe, e o esposo torna-se pai. Alguns indivíduos sentem angústia diante dessa mudança e sofrem uma importante inibição sexual, cuja origem são as fantasias incestuosas inconscientes. Em alguns casos, o afastamento sexual é iniciativa de um dos cônjuges e, em outros, de ambos, quando então estabelecem um conluio em torno dessa questão, sustentado pelas supostas necessidades e exigências do recém-nascido.

Ao se sentirem inibidos sexualmente, alguns indivíduos responsabilizam o filho por essa dificuldade, o que reforça a hostilidade inconsciente contra o mesmo, a qual geralmente se manifesta através de uma formação reativa expressa sob a forma de dedicação exagerada em relação ao filho. Como conseqüência dos desejos incestuosos transferidos para a esposa investida no papel de mãe, o homem pode experimentar o nascimento de um filho como uma ameaça à sua integridade, um complexo de Cronos invertido: o filho nascendo e devorando os pais. Essa ameaça pode se encontrar entre as vivências daqueles pais e daquelas mães que se sentem vigiados e controlados pelos filhos em seu relacionamento sexual. Um exemplo é o de O. e E. Casados há três anos, mantinham um relacionamento sexual desinibido e prazeroso. Com o nascimento de A., não conseguiram mais excitar-se o suficiente para manterem uma relação sexual satisfatória. Temiam que A. ouvisse seus ruídos, e esse temor os inibia. Resolveram a situação quando passaram a manter relações sexuais em motéis da periferia da cidade. Outro exemplo é o de H., 32 anos, que, desde o nascimento do primeiro filho, há 14 meses, nunca mais aproximou-se da esposa para manter uma relação sexual. Esta, com 29 anos, jamais tocou no assunto ou manifestou qualquer desconfiança em relação ao marido. Sempre muito ocupada com o filho, não se importava que ele saísse sozinho à noite, mesmo em fins de semana, para, supostamente, encontrar-se com amigos. Na verdade, desde o nascimento do filho, H. passou a se relacionar sexualmente com inúmeras mulheres, quase todas bastante jovens.

ROMPIMENTO DA SIMBIOSE CONJUGAL

Existem três marcantes descobertas na vida do ser humano: a descoberta da existência do outro, proporcionada pelo rompimento da simbiose mãe-bebê; a descoberta da diferença de sexos e gerações e a descoberta da inevitabilidade da morte. Como essas descobertas determinam uma ferida no narcisismo do indivíduo, elas costumam ser evitadas. O casamento, pela íntima relação entre os cônjuges, representa uma forma de restabelecer, ainda que parcialmente, a relação simbiótica mãe-bebê, quando então podem ser negadas aquelas descobertas que, na infância, causaram angústia e trauma. Principalmente nos casais que optam por não ter filhos, observa-se um firme desejo inconsciente de restabelecer a primitiva simbiose infantil através do casamento. É comum que esses casais concentrem na comida seu maior interesse, mantenham um certo isolamento em relação a outros casais – principalmente se possuem filhos –, apresentem uma atividade sexual inibida e evitem fazer planos para o futuro, o que revela a tentativa de negação da passagem do tempo. Evidentemente, nessas situações, os papéis de marido e mulher não costumam ser bem-definidos.

O nascimento de um filho, ou seja, o surgimento de um terceiro na relação exclusiva marido-mulher, corresponde ao ingresso do pai na relação exclusiva mãe-bebê, determinando o rompimento do que se poderia chamar de "simbiose conjugal". Para que isso ocorra, é necessário que o casal consiga processar plenamente a perda da posição infantil de indiferenciação mãe-bebê restabelecida pelo casamento. Nem sempre esse processo ocorre simultaneamente, o que leva um cônjuge a desejar a gravidez e o outro não. Eventualmente, mesmo não desejando, costuma ocorrer que o discordante mantenha escondido o seu ponto de vista para evitar o conflito com o cônjuge. Contudo, a recusa de um pode atender o desejo de ambos, mantido através de um acordo inconsciente de sempre um representar o princípio da realidade e o outro o princípio do prazer.

O SEIO MAIS UMA VEZ PERDIDO

Embora a amamentação encerre o sentimento de maternidade e se constitua em uma fonte de enormes satisfações tanto para a mãe quanto para o bebê, em muitas situações pode ser a origem de uma série de conflitos para o casal.

Com o início da amamentação, os seios, até então uma parte do corpo da mulher de prazer exclusivo do marido, passam a atender prioritariamente às necessidades de satisfação orgânicas e eróticas do recém-nascido. Como conseqüência, o marido, ao desejar tocar e colocar a boca nos seios da mulher – prazer que é proporcionado à criança diversas vezes ao dia – poderá sentir-se como se estivesse apoderando-se da principal fonte de alimentação do filho. Esse sentimento foi experimentado por L. que, em uma boate, sentiu-se fortemente atraído por uma mulher, principalmente pelos seus seios grandes e firmes. Aproximou-se dela, conversaram, dançaram e acabaram, na mesma noite, em um motel. Ao sugar o bico dos seios da mulher, uma quantidade de leite escorreu dentro de sua boca. Ficou sabendo que ela era mãe solteira e se encontrava amamentando um bebê. Confessou: "Eu fiquei inicialmente confuso e depois com uma vergonha enorme de me dar conta de que aqueles seios haviam me atraído por estarem cheios de leite. Senti-me culpado em relação ao bebê, por me encontrar roubando o seu alimento e também a companhia de sua mãe. Não deu para continuar a transa, quis levá-la logo para a sua casa". O momento da amamentação pode provocar no marido os mesmos sentimentos relatados por L.: confusão, vergonha e culpa, culminando em muitos casos com o afastamento da mulher. Identificada com o bebê, a mulher poderá manter uma atitude correspondente, por exemplo, mantendo os seios encobertos durante as relações sexuais para proteger o precioso alimento do filho, ameaçado, na fantasia inconsciente, pela competição e voracidade infantis do marido. Uma situação ocorrida durante uma relação sexual de um casal é bastante ilustrativa: o marido, em tom de brincadeira com a mulher que se encontrava amamentando uma filha, disse que iría sugar todo o leite contido em seus seios, não deixando nada para o nenê. A mulher, aparentemente ameaçada pela evidente voracidade e competição do marido com o bebê, nunca mais permitiu que o marido colocasse a boca em seus seios, mesmo depois de parar de amamentar a filha.

Outra possibilidade é a mulher sentir-se desvalorizada em sua feminilidade diante da atitude do marido de reduzi-la a uma restrita condição maternal, recusando um contato mais íntimo com seus seios. Este sentimento, *vis-à-vis* com a situação anterior, também pode provocar um afastamento da mulher, criando tensões e conflitos entre os cônjuges. Como resultado, o homem poderá sentir ódio do filho, sentindo-se roubado por ele e equiparando-o ao seu pai que no passado lhe afastara dos seios da mãe. Em contrapartida, a mulher, ao reativar, pela atitude do homem, o seu natural conflito entre maternidade e feminilidade, poderá encontrar uma razão para deixar de amamentar o filho com o objetivo de evitar os sentimentos de perda provocados pelo afastamento do marido. Em uma seqüência mais complicada, os cônjuges poderão buscar no relacionamento com um terceiro o lenitivo da frustração vivenciada com a experiência da amamentação. Contudo, se todos esses sentimentos regressivos puderem ser encarados realisticamente pelos cônjuges como resultado de uma natural e desejável identificação com o filho recém-nascido, a experiência da amamentação, em vez de se tornar uma fonte de perpetuação de conflitos e de estruturações patológicas, poderá integrar-se aos aspectos mais maduros do casal e servir de base para um melhor relacionamento entre os cônjuges e destes com o filho.

COMENTÁRIOS

A procriação, além de uma raiz biológica relacionada com a conservação da espécie, apresenta uma série de significados psicológicos. Com o nascimento de um filho, o indivíduo, em primeiro lugar, atinge a almejada posição dos pais, tão idealizada na infância. Em segundo lugar, ele, pela primeira vez, vislumbra uma possibilidade bastante concreta de reparar aspectos danificados de seu relacionamento com os pais, tanto na fantasia quanto na realidade. Em terceiro lugar, apresenta-se a oportunidade de, pela primeira vez, competir em condições de igualdade com os pais. Finalmente, em quarto lugar, cria-se a única possibilidade de o indivíduo sobreviver à sua própria morte, de continuar vivo através de uma descendência, mas, ao mesmo tempo, reativa uma série de angústias persecutórias oriundas do relacionamento com os pais na infância e o leva a se defrontar com a realidade do envelhecimento e da transitoriedade da vida. Por todas essas razões é que um filho, além das satisfações que os indivíduos e a sociedade como um todo procuram evidenciar, também representa o ressurgimento de inúmeros conflitos internos que repercutem no relacionamento conjugal antes mesmo de seu nascimento. Como resultado, quem quer que se ocupe com o atendimento de um casal que vai ter um filho tem de estar atento às regressões que, inevitavelmente, ocorrerão, manifesta ou dissimuladamente. Possibilitar a livre expressão desses sentimentos, além de favorecer uma melhor integração do casal com o bebê, pode evitar o surgimento de uma estruturação patológica da família – nem sempre reconhecida – em função do nascimento de um filho.

O que não pode ser negado é que o nascimento de um filho provoca, inevitavelmente, uma crise vital que pode levar tanto a um crescimento quanto a uma estruturação patológica do casamento. Uma das principais causas desta crise encontra-se no fato de que o nascimento de um filho rompe com um vínculo simbiótico que, em maior ou menor grau, existe em todos os relacionamentos conjugais. O rompimento do vínculo simbiótico conjugal, além de mobilizar a angústia infantil de separação, coloca os cônjuges diante de uma realidade que é narcísica e onipotentemente negada pelo ser humano: as diferenças de sexo, a necessidade de estabelecer papéis definidos no relacionamento homem-mulher que, de certa forma, implica renunciar a bissexualidade inata e, por último, ver-se na contingência de sair da posição de filho e desempenhar as funções de pai e de mãe. Na verdade, o nascimento de um filho é a primeira experiência irreversível da vida adulta, a qual implica um compromisso permanente e integral com um outro ser que somente se encerra com a morte.

6

Sua Majestade, o sogro

*Tu que te tornaste sim (ó pior das prisões)
o cárcere de ti mesmo.*
John Milton

INTRODUÇÃO

Embora não ponham em dúvida que o relacionamento com os pais durante a infância funciona como um protótipo de todos os relacionamentos que o indivíduo irá estabelecer ao longo da vida, alguns psicanalistas, mais recentemente, também têm procurado investigar as especificidades dos diversos relacionamentos adultos, em particular aqueles que se estabelecem entre marido e mulher.

Seguindo uma variante dessa linha de investigação, descreverei alguns aspectos da relação de genros com sogros observados em um número expressivo de pacientes que buscam tratamento psicoterápico ou psicanalítico devido a dificuldades em outras áreas.

Esses pacientes chamam a atenção pelo fato de falarem freqüentemente em seus sogros, revelando uma inusitada admiração por eles. Em algumas situações, o sogro parece ser mais importante para o paciente do que a própria esposa.

O objetivo deste capítulo é evidenciar que, na verdade, trata-se de um relacionamento marcadamente ambivalente e que, em muitos casos, o resultado pode ser a causa insuspeita de sofrimento e sintomas, dentre os quais: adição de drogas, alcoolismo, impotência e atuações homossexuais.

CASOS CLÍNICOS

Caso 1

A., 40 anos, foi um dos meus primeiros pacientes de psicoterapia: um homem elegante, educado e culto que me procurou devido a dificuldades de relacionamento conjugal. Surpreendeu-me que tivesse escolhido para esposa uma mulher tão imatura e perturbada, e, ao casar, largado o bom emprego que possuía e passado a trabalhar com o sogro. Evidentemente, este paciente desvalorizava os pais e buscava no sogro a segurança de uma mãe dadivosa e protetora. Inconscientemente, sabia que havia casado atraído pela fortuna do sogro, um empresário bem-sucedido que ele conhecera antes da filha. Ele desprezava a esposa e, por esta razão, aceitava que esta também lhe desprezasse. Para compensar, há vários anos tinha como amante uma mulher elegante, educada e culta que tinha interesse em manter um relacionamento reservado com ele. Após um período de tratamento, A. deu-se conta das razões que o tinham levado a realizar aquele casamento e sentiu a necessidade de se tornar independente profissionalmente a fim de poder examinar com mais objetividade o seu relacionamento com a esposa. Em vez disso, optou por interromper o tratamento com as seguintes palavras: "Decidi seguir a caminhada com as minhas próprias pernas, sem as muletas do tratamento". Como é fácil entender, A., na verdade, decidiu seguir a caminhada com as pernas do sogro e as muletas do casamento. Mais tarde me apercebi de que A. se encontrava em um impasse, tendo em vista que não considerava o dinheiro que ganhava como dele. Sendo assim, como iria abandonar o sogro e, provavelmente, a mulher, utilizando-se, para isso, do dinheiro deles empregado no tratamento?

Caso 2

Y., 42 anos, quando iniciou sua psicoterapia, encontrava-se com dificuldades de relacionamento com o filho mais velho, de 17 anos, que não queria estudar e vinha usando drogas maciçamente. Ele havia casado há 18 anos com uma mulher pela qual não se sentia atraído sexualmente e, desde então, passara a dirigir uma das empresas do sogro, o empresário mais rico e conhecido da região em que viviam seus pais, pessoas simples e de poucos recursos. Apesar de demonstrar capacidade para desempenhar as tarefas que lhe eram atribuídas, sentia-se insatisfeito e desvalorizado, razão pela qual vinha há algum tempo bebendo exageradamente e envolvendo-se em farras com prostitutas, das quais a mulher acabava tomando conhecimento. Devido a esta conduta, encontrava-se ameaçado de perder o emprego. Após um período de tratamento, embora continuasse trabalhando para o sogro, Y. resolveu abrir, ele mesmo, um pequeno, porém bem-sucedido, negócio. A partir deste momento, melhorou o seu relacionamento com a mulher e também com o filho.

Caso 3

C., 34 anos, casado desde os 26, dois filhos de 4 e 6 anos, procurou tratamento por impotência, depressão e uso crescente de drogas, principalmente, cocaína. Embora fosse formado em arquitetura, ao casar-se aceitou dirigir um dos estabelecimentos comerciais do sogro. Afora isso, ele morava em uma casa que havia sido adquirida pelo sogro. Freqüentemente, brigava com a mulher, a qual suspeitava que pudesse estar mantendo um relacionamento extraconjugal. Apesar disso, assim como no primeiro caso relatado, C. preferiu desistir do tratamento a ter de se desligar dos negócios do sogro, entenda-se, do sogro e também da mulher, com quem se encontrava fortemente identificado, em particular no relacionamento infantil, dependente e incestuoso que ela mantinha com o pai. Na verdade, o mundo interno de C. carecia de uma figura paterna valorizada, a qual procurou supri-la identificando-se com a mulher. Os sintomas apresentados refletem a perda total de identidade do paciente.

Caso 4

E., 50 anos, faz parte da direção de uma grande empresa do ramo petroquímico, cujo acionista majoritário é o pai de sua mulher. Há 19 anos, quando se casou e aceitou o convite para trabalhar com o sogro, era sócio de uma incipiente, mas próspera, firma de *marketing* que, atualmente, ocupa uma posição destacada em sua área de atuação. Lamenta-se profundamente de ter largado o seu próprio negócio motivado, de acordo com as suas palavras, pela declaração do sogro de que, ao se casar com sua única filha, passaria a ocupar o lugar do filho mais velho da família, pelo fato de o único cunhado ter bem menos idade do que ele. Com essa promessa, E. concluiu que, naturalmente, ocuparia o lugar do sogro quando este se afastasse da presidência da empresa. Contudo, há poucos meses, o sogro tomou a decisão de permanecer apenas no conselho da empresa e indicou para substituí-lo na presidência o filho que, dois ou três anos antes, retornara dos Estados Unidos, onde realizou um mestrado em economia. E. sentiu-se fraudado pela decisão do sogro e, desde então, encontra-se deprimido e desgostoso com a vida, apesar de possuir filhos com os quais mantém uma relação bastante afetiva, uma mulher que gosta muito dele e todos os recursos materiais para sentir-se feliz. O problema é que E., segundo filho de uma prole de três, tendo um irmão mais velho e uma irmã mais moça, sempre conviveu com a convicção de que o pai dava preferência ao irmão e a mãe à irmã, sentindo-se na posição de excluído, desprezado e desvalorizado, como estava agora ocorrendo com a indicação do cunhado. Sua principal fonte de ciúmes era em relação ao irmão que, ainda muito jovem, começou a trabalhar com pai na casa de comércio que este possuía, tornando-se sócio após algum tempo. Com a morte do pai, o irmão ocupou o seu lugar, respeitando os direitos de sociedade herdados por E. Na época, E. reagiu à situação de uma maneira bastante adequada, provavelmente porque acalentava a expectativa de ascender a uma condição profissional muito mais valorizada, mediante a fantasiosa substituição do sogro, como podemos ver ao longo do tratamento, um pai substituto com o qual fantasiou desfrutar a invejada posição do irmão.

Caso 5

S., 28 anos, de origem humilde, formou-se em agronomia em uma cidade do interior e, em seguida, casou-se com uma colega de faculdade, pertencente a uma família de posses. Com o apoio da mulher, resistiu a todas as formas de pressão por parte do sogro, que não se contentava em apenas ter pago as despesas com a festa de casamento. Ele desejava presentear o casal com um carro e uma casa, além de outros objetos de elevado valor. Conforme mais tarde pôde se dar conta, para não acabar cedendo à sedução do sogro, convenceu a mulher de virem morar em Porto Alegre a fim de realizarem um curso de pós-graduação. Apesar da mudança, as pressões do sogro continuaram, principalmente para que aceitasse o presente de um imóvel mais amplo e confortável do que o apartamento que havia alugado. Com o nascimento do primeiro filho e as dificuldades econômicas, acabou cedendo. A partir deste momento, S. não teve mais controle sobre a sua casa, que passou a contar com a freqüente presença dos sogros. Além de insatisfeito com a situação, começou a se sentir atraído por colegas de trabalho. Assustou-se muito com este sintoma e conversou sobre o mesmo com a mulher, que procurou tranqüilizá-lo e sugeriu que marcasse uma consulta com um psicoterapeuta. Após um tempo, conseguiu reassumir o comando da casa, desaparecendo o sintoma que motivou o início do tratamento.

Caso 6

F., 48 anos, profissional liberal de relativo sucesso, procurou-me devido a problemas de conduta do filho. Além de exageradamente arrumado, F. me chamou a atenção por sua excessiva educação e superficialidade, dando a impressão de se tratar de uma pessoa que, embora se mostrasse muito expressiva e espontânea, não era verdadeira. Também me chamaram a atenção sua entonação verbal e sua gesticulação, bastante efeminadas. Quando o recebi com sua esposa, surpreendeu-me sua semelhança com a mesma, inclusive nas cores do vestuário. Nesta ocasião, tomei conhecimento de que a mulher era filha de um homem muito rico e que, desde que ela havia casado, há 20 anos, o sogro fornecia ao genro uma mesada que proporcionava ao casal um padrão de vida bem acima do que permitiriam os ganhos profissionais de F. Apesar dessa condição, o casal mantinha um relacionamento bastante estável, considerado "perfeito" pelos amigos, que jamais assistiram a qualquer desacerto entre ambos. Eles também eram dedicados e amorosos com os filhos (duas moças e um rapaz, motivo da consulta), mantendo com eles uma atitude muito tranquila. Evidentemente, o problema apresentado pelo filho, em plena adolescência, tinha como origem a ausência de uma figura paterna bem-definida, tendo em vista que F. se identificara integralmente com a esposa, não só na maneira de ser, mas também tornando-se "filho" do sogro, condição estabelecida pela mesada.

CAUSAS E EFEITOS

Os casos relatados, de flagrante idealização dos sogros, têm como origem conflitos oriundos do relacionamento dos pacientes com seus pais na infância. Através do casamento, eles procuraram compensar os sentimentos de frustração que a experiência lhes proporcionou. A frustração pode reforçar tanto o desejo voraz de gratificação ilimitada quanto a fantasia de entrar para dentro do substituto idealizado a fim de se apoderar de suas riquezas e capacidades. Como conseqüência, pode firmar-se um pacto entre genro e sogro, por meio do qual este último, para manter o seu relacionamento incestuoso com a filha, procura seduzir o primeiro com cargos e presentes, o qual, ao aceitar essas dádivas, renuncia à sua própria identidade. O resultado desta "castração consentida" é que quanto mais elevado o potencial econômico conquistado através deste expediente, maior costuma ser o sentimento de impotência. Nesta condição, não sentindo mais o pênis como próprio, o indivíduo poderá encontrar na relação homossexual a única forma verdadeira de prazer sexual. Estes desenlaces surgem raramente nos consultórios. Os mais comuns são os quadros de depressão, a chamada "disfunção erétil" e também o uso exagerado de álcool e de drogas.

A fase da vida em que esses pacientes mais freqüentemente procuram ajuda psicoterápica é a conhecida como "meia idade", a qual, muito freqüentemente, coincide com a adolescência dos filhos. Neste momento, a natural busca de definições profissionais e amorosas por parte dos filhos mobiliza nos pais uma reflexão sobre as próprias escolhas profissionais e amorosas. Diante dessa situação, os indivíduos que estou abordando neste capítulo podem experimentar o genuíno desejo de voltar a ser eles mesmos para evitar que os filhos venham a sofrer o mesmo processo de esvaziamento a que, espontaneamente, se submeteram. Nesses casos, o amor aos filhos é que mobiliza os pais para se tratarem e fornece a força necessária para realizar as mudanças que a realidade exige.

"SE EU FOSSE VOCÊ"

Nas brincadeiras entre amigos, alguns indivíduos, cuja dependência econômica do sogro é conhecida, costumam ter o seu nome de família substituído pelo sobrenome do sogro. Esta situação jocosa e, ao mesmo tempo, depreciativa, que subtrai da pessoa sua identidade, faz lembrar um conto do escritor francês Julian Green, intitulado *Se eu fosse você*. Nele, o personagem é um jovem que se deixou seduzir pelo diabo com falsas promessas de felicidade em troca de sua alma. O núcleo da história, que tem um final sinistro, é o desejo de se transformar em outra pessoa quando nos sentimos frustrados. A referência a esse conto se justifica porque "se transformar em outra pessoa" é o que muitas vezes alguns homens imaginam conseguir através do casamento para aplacar intoleráveis sentimentos de frustração, geralmente oriundos da infância. Vivências de frustração podem levar as crianças a desvalorizarem os pais e, na vida adulta, a virem a se sentir desvalorizadas. Para escapar deste sentimento, deixam-se seduzir pelas promessas dos sogros, eventualmente interpretadas de acordo com o desejo do genro, como no caso do paciente E. Não obstante, existem situações em que a sedução do sogro é ostensiva, funcionando como uma verdadeira "tentação irresistível", quando então exige do genro, jovem e em início de carreira, suficiente auto-estima e autoconfiança para não abrir mão de sua identidade. O paciente S. ilustra esse tipo de situação, mostrando que uma atitude adequada da mulher pode reforçar a posição de independência do marido.

Os sogros deveriam ser apenas os pais dos cônjuges, mas podem representar bem mais do que isso, tornando-se alvos das projeções de sentimentos competitivos, vorazes e invejosos mobilizados pelo conflito edípico dos genros. Esta transferência da relação com o pai na infância para o sogro na vida adulta é inevitável, mas, em alguns casos, ela cria situações que interferem no relacionamento do casal, como exemplificamos com o paciente C.

Tanto quanto os genros, os sogros também têm reativada sua situação triangular edípica ao casarem uma filha. Não era outra a razão que levava um homem muito poderoso a brincar com os genros após o casamento com uma de suas filhas (havia tido três): "Se quiser devolver, eu recebo e ainda pago uma boa indenização". A brincadeira revela uma competição invejosa evidente com os maridos de suas filhas, visando a pôr um fim em seus relacionamentos. Porém, os três genros mantiveram seus casamentos de uma forma harmoniosa e dentro de suas reais possibilidades econômicas, apesar dos freqüentes oferecimentos de dinheiro do sogro para "dar uma força" a eles. Na verdade, o que esse sogro tentava fazer, conforme tomou consciência em seu próprio tratamento iniciado quando já tinha cerca de 60 anos, era exatamente o oposto: "tirar a força" dos genros, os seja, a potência que ele projetava na fortuna que conquistara, pois no fundo se sentia um homem impotente.

JUSTIFICATIVAS *VERSUS* MOTIVAÇÕES INCONSCIENTES

Quando um paciente me apresenta uma série de razões para justificar a decisão de largar o seu ofício para trabalhar com o sogro, eu costumo perguntar se faria o mesmo se o abandono de sua atividade profissional representasse uma diminuição significativa de ganhos, tendo em vista que, na maioria das vezes, não concede ao aumento de ingressos, manifestamente, qualquer importância, destacando apenas a necessidade de sua colaboração. Geralmente esta pergunta é recebida persecutoriamente e, em vez de uma resposta objetiva, o paciente procura aumentar sua lista de justificativas e acaba mantendo sua decisão. Em alguns casos, ele reconhece que pode não ter feito o melhor, mas acha que não há possibilidade de voltar atrás em função do compromisso assumido com a mulher e/ou seu pai, não desejando decepcioná-los. Mais tarde, se ocorre de se acumularem muitas insatisfações, a minha pergunta é lembrada e dá margem a uma análise profunda das verdadeiras razões da decisão. Essas insatisfações, geralmente, não se relacionam com problemas objetivos, mas com os acordos nem sempre explícitos firmados pelo paciente e o sogro, com repercussões na relação com a mulher. Tais acordos estabelecem a contrapartida das vantagens auferidas pelo indivíduo ao casar-se, inicialmente negada, mas inapelavelmente cobrada no momento oportuno. Freqüentemente, os acordos estabelecem as renúncias às quais o beneficiado deve submeter-se, sendo a principal sua própria identidade, estabelecendo-se desde o início do relacionamento quem baterá o bastão e quem obedecerá. Nesta condição, um homem de 36 anos que procurou tratamento referiu que encontrava a necessária compensação em um relacionamento extraconjugal, no qual conseguia sentir-se potente e verdadeiro.

Muitas vezes a razão de alguém trabalhar com o sogro é cuidar dos interesses da mulher, o que pode colocá-lo em uma condição de subserviência em relação à mesma. Cito o exemplo de um paciente jovem, inteligente e de boa aparência cujo pai trabalhava na empresa pertencente à família da mãe. Ele se casou com uma mulher muito bonita e vaidosa, embora mais velha, que, competentemente, dirigia os negócios de sua família de origem há vários anos. Mesmo tendo concluído um curso superior, até se casar ele ainda não havia exercido nenhuma atividade profissional de forma mais permanente e, ao casar-se, imediatamente tornou-se administrador de uma indústria de grande porte da esposa. Ele procurava negar que, apesar de participar de todos os negócios de compra e venda da firma, a decisão era sempre da mulher. Em uma dessas negociações, o representante da outra parte procurou impor uma condição que ele não aceitou. Diante do impasse, esta pessoa aventou a possibilidade de resolver o assunto diretamente com a sua mulher, considerando que cabia a ela a última palavra. Sentiu-se muito deprimido com esta situação e foi neste momento que resolveu procurar tratamento.

Com todos os seus desdobramentos, incluindo os filhos, o casamento representa uma fonte suficiente de prazer e realização, tanto quanto, inevitavelmente, de dificuldade e sofrimento, justificando a recusa de comprometê-lo com demandas geralmente destinadas a atender às necessidades infantis de domínio e de submissão. Por essa razão, seria interessante que sogros e genros pudessem fazer-se algumas perguntas antes de tomarem a decisão de trabalharem juntos:

1. Costumamos oferecer ajuda a uma pessoa que acreditamos que possa resolver seus problemas por conta própria?
2. Valorizamos mais as pessoas que conseguem ou as que não conseguem resolver seus problemas por conta própria?
3. Quando acreditamos nas nossas capacidades, solicitamos a ajuda de outra pessoa?
4. Tendo recebido a ajuda de outra pessoa, mais tarde não iremos nos defrontar com a dúvida sobre a nossa capacidade de resolver sozinhos nossos próprios problemas?
5. Qual o melhor modelo de identificação para os filhos tendo em vista tornarem-se indivíduos independentes e seguros: um pai que se desenvolveu profissionalmente de uma maneira autônoma ou um ajudado pelo sogro?

COMENTÁRIOS

Não faltam razões para justificar a decisão de um indivíduo trabalhar com o pai de sua mulher, criando uma situação que, em um certo sentido, leva-o a trocar de família em vez de, com o casamento, formar uma nova família. Contudo, na maioria das vezes, essas razões visam a esconder as motivações inconscientes que efetivamente levam um homem a preferir abrir mão da sua identidade. Por isso, essas situações são difíceis de ser evitadas, e as pessoas raramente vinculam seu eventual sofrimento psíquico a essa questão, o que leva os acordos a se manterem por muitos anos.

Trabalhar com o sogro pode trazer muitas vantagens econômicas, proporcionando a possibilidade de ser dono de muitas coisas valiosas, mas se quisermos desfrutar verdadeiramente o sentimento de possuir uma legítima identidade, ou seja, sermos donos de nós mesmos, não podemos fugir da condição de herdeiros das nossas próprias origens, sejam elas quais forem.

A situação dos filhos que buscam ou são incentivados a trabalhar com os pais é parecida, mas apresenta pelo menos uma importante diferença estabelecida pelo legítimo direito de herança, tanto do ponto de vista legal quanto afetivo. Contudo, esta relação, como a anterior, não exclui necessidades, culpas ou conflitos inconscientes, tanto dos filhos quanto dos pais, que acabam encontrando na realidade uma explicação lógica para se expressarem. Além disso, não podemos excluir a possibilidade de esta ajuda aos filhos resultar em dificuldades ao desenvolvimento de um genuíno sentimento de autonomia e independência, tão importante para merecer o respeito e a admiração de uma mulher, para formar uma nova família e para se oferecer como modelo de identificação para os filhos. As perguntas formuladas para pensar a questão da ajuda entre sogros e genros também se prestam para pais e filhos, tendo presente que, embora o ser humano seja o mais dependente representante do reino animal, não sobrevivendo sem a ajuda dos pais por um longo período de sua existência, não é aconselhável que essa ajuda seja indiscriminada, atemporal ou mais prolongada do que o necessário, sob pena de obstacularizar o desenvolvimento emocional do indivíduo.

Os problemas levantados neste capítulo abarcam um grande número de casos de genros que trabalham com sogros, mas certamente existem muitos, incluindo alguns que conheço, cujas razões dessa decisão são verdadeiramente objetivas, não gerando os sintomas e o sofrimento relatados. No entanto, imagino que a tarefa mais importante de um pai consista em ajudar os filhos a também se tornarem pais. Se essa missão pudesse ser sempre bem-sucedida, provavelmente os sogros não adquiririam uma dimensão majestáltica no imaginário de genros.

7

Casamento de roupa nova

INTRODUÇÃO

Diferentemente do que ocorria no passado, na atualidade constatamos no casamento uma tendência que vai generalizando-se e impondo-se a procura de formas mais igualitárias de relacionamento conjugal, propiciadas pelas exigências da vida moderna que levaram a mulher, maciçamente, para o mercado de trabalho, destacando-se em setores até há poucos anos ocupados apenas pelo sexo masculino.

De acordo com estudos recentes, o número de desempregados no Brasil ainda é maior entre mulheres, e seus ganhos, dentro das mesmas funções, permanecem inferiores, mas essas diferenças sofreram uma redução significativa nos últimos 10 anos. O que se observa é que, à medida que as mulheres, paulatinamente, passam a ocupar cargos de chefia, de direção e de presidência de companhias – há alguns anos uma posição impensável – esta discrepância naturalmente tende a diminuir.

INDEPENDÊNCIA ECONÔMICA

Podendo usufruir de seu próprio dinheiro, a mulher ganhou maior autonomia e, conseqüentemente, mais segurança no relacionamento conjugal. Com profissão e ganhos garantidos no final do mês, o antes chamado "sexo frágil" não procura se casar para garantir o sustento financeiro nem, pela mesma razão, permanecer em um casamento infeliz. Não é sem razão que dados fornecidos por órgãos oficiais dão conta do crescimento do número de lares chefiados por mulheres no Brasil, atingindo 28% na região metropolitana de Porto Alegre.

Na verdade, quando a mulher conquista sua independência econômica, mesmo que os ingressos sejam inferiores ao do marido, a relação de poder tende a se equilibrar, salientando as individualidades no relacionamento do casal e na relação com os filhos. Nesta condição, assim como os papéis sexuais, a maternidade e a paternidade tornam-se equivalentes, complementares e indispensáveis à obtenção do prazer, a construção de uma família e à realização de um projeto de vida compartilhado.

DESCONTRATAÇÃO DO CASAMENTO

Através do exame detido do relacionamento conjugal ao longo da história, constata-se que, na verdade, o que se modificou foi o modelo tradicional de casamento que obrigava as pessoas a permanecerem juntas por toda a vida, não integrando à relação conjugal, como mais recentemente, a separação. A descontratação do casamento, observada na atualidade, resultou de diversos fatores, destacando-se a emancipação feminina, a liberdade sexual e a valorização do amor no relacionamento conjugal. Ao mesmo tempo, as relações de poder e a distribuição de tarefas tornaram-se mais equilibradas no casamento, que passou a ser considerado como forma de obtenção de reconhecimento, de intimidade e de satisfação, principalmente, sexual, além de propiciar a realização da maternidade e da paternidade. Contudo, no momento, encontra-se bem definido que não são os aspectos formais da relação dos pais que conferem aos filhos a segurança necessária para seu desenvolvimento, mas a estabilidade do vínculo afetivo, especialmente dos pais em relação aos filhos, independentemente de o casal se encontrar junto ou separado. Como resultado, podemos ter casal unido e pais unidos, casal separado e pais unidos, casal unido e pais separados e, por último, casal separado e pais separados. A grande dificuldade é observada nas duas últimas condições, quando o casal não consegue desenvolver suas funções paterna e materna de forma colaborativa e integrada em benefício dos filhos.

O SONHO DO CASAMENTO

Apesar das profundas mudanças dos costumes, particularmente nas últimas décadas, o casamento continuou sendo um dos preciosos sonhos que o ser humano mais ambiciona realizar, mesmo após o fracasso de uma ou mais experiências, como evidenciam as estatísticas das mais variadas partes do mundo. Isso ocorre porque, para a obtenção do prazer, necessitamos da ação complementar de um parceiro que, na infância, são os pais ou substitutos e, na vida adulta, o cônjuge. Nesta perspectiva é que a relação conjugal integra o processo de desenvolvimento do indivíduo, possibilitando-lhe uma ordem de satisfações distinta da correspondente à vida de solteiro e impossível de ser atendida nesta condição.

Por sua vez, o casamento também percorre uma trajetória evolutiva, propiciando outras compensações às inevitáveis perdas impostas pelo envelhecimento. De acordo com este entendimento da relação conjugal, o recasamento pode representar uma tentativa de restabelecer o ciclo evolutivo rompido pela separação, iniciativa malvista e cerceada, no passado, pelo Estado, pela Igreja e pela sociedade, como forma de preservar a família, os sacramentos e a fragilidade humana para enfrentar a separação e as perdas.

MITO DE ARISTÓFANES

A relação marido-mulher, como todo e qualquer relacionamento humano, tem sua origem nas primitivas interações afetivas mãe-bebê. Por meio do casamento, o indivíduo restabelece essa vinculação dual, de conotação sexual, em um novo contexto, marcado principalmente pela individualidade, pela alteridade e pela diferença de sexos. No plano emocional, o ser humano evolui da bissexualidade, consoante com fantasia onipotente do recém-nascido, para a monossexualidade, característica das relações amorosas da vida adulta, correspondendo a uma mudança de identidade intermediada pela cultura.

Sendo assim, a vida adulta representa uma "neo-sexualidade", que carrega em sua história o sentimento de uma parte que foi perdida, a qual tentamos recuperar na relação conjugal. Correspondemos aos seres concebidos por Aristófanes no *Banquete* de Platão, segundo o qual, no início, possuíamos os dois sexos, mas, para diminuir a onipotência que esta completude conferia aos homens, Zeus os partiu em dois, explicando por que, desde então, os seres humanos procuram encontrar no outro a sua parte separada.

Portanto, casamos para reconstituir nossa bissexualidade, mas logo brigamos com o companheiro ou companheira porque ele ou ela deseja manter sua individualidade, não aceita ser uma parte nossa, comandada pelos nossos desejos. Esta decepção é recíproca, por isso é comum que marido e mulher reclamem um do outro, quase sempre, a mesma coisa e, até certo ponto, com razão, porque ambos, no fundo, ressentem-se de experiência idêntica: a perda da fantasia de uma bissexualidade possível, obrigando um a depender para sempre do outro. Não é por outro motivo que, apesar das expressivas mudanças da relação conjugal nos últimos anos, o conflito continua sendo inerente ao casamento.

PSICANÁLISE

Ao colocar o sexo e a sexualidade no centro do pensamento, a psicanálise incentivou marcadamente as grandes mudanças de comportamento verificadas ao longo do século XX. Muitas dessas mudanças ocorreram no âmbito da família e do casamento, que caminharam no sentido de uma progressiva diferenciação. Criou-se a consciência de que a família, na medida em que constitui o arcabouço da personalidade do indivíduo, deve permanecer como uma instituição estável e permanente, diferentemente do casamento, que atende a outras necessidades do ser humano, apesar de colaborar para a criação da família. A biologia e a hereditariedade ligam para sempre pais, filhos e irmãos, mas não marido e mulher. Em relação aos filhos, a dissolução do casamento afasta os pais, mas não impede o convívio com os mesmos nem destrói o sentimento de família. Ao contrário, em muitas situações ela aumenta o convívio com os pais e ajuda a fortalecer o sentimento de família. A verdade é que a cultura influenciada pela psicanálise juntamente com a profissionalização da mulher, os métodos anticoncepcionais e a liberação do divórcio afastaram o casamento do julgo familiar, da religião e do Estado, assumindo mais verdadeiramente a condição de relacionamento amoroso de conotação sexual. Na falta desta condição, encontra-se bem assentado na atualidade que o casamento já não existe mais, mesmo quando o casal, por questões familiares, religiosas ou de outra natureza, permanece junto. Excluo o Estado dessas razões porque ele já não exige mais que as pessoas permaneçam vivendo juntas, mesmo legalmente casadas, não suprimindo delas, nesta circunstância, os direitos e as obrigações familiares.

FIDELIDADE

Juntamente com igualdade de direitos e de obrigações no casamento, uma mudança importante se verificou no aspecto que sempre representou a principal ameaça ao relacionamento conjugal: a traição. Antes, era quase uma exclusividade do sexo masculino, aceita plenamente pela sociedade e, até certo ponto, pelas próprias esposas; nos últimos anos, também passou a ser praticada em grande escala pelas mulheres, sem o risco de serem "justificadamente" punidas pelo marido, como no passado, em parte, com o apoio da lei. Uma pesquisa realizada na Alemanha mostrou que, em uma população de indivíduos de 25 a 35 anos de idade, 53% das mulheres contra 59% dos homens revelaram ser infiéis com os seus companheiros. Nos Estados Unidos, outra pesquisa mostrou que 45 a 55% das mulheres têm um ou mais relacionamentos extraconjugais antes dos 40 anos contra 55 a 65% dos homens na mesma faixa etária. Evidenciando resultados próximos, uma pesquisa realizada no Brasil constatou que a infidelidade chega a 43% entre mulheres e 60% entre homens. Isso quer dizer que a infidelidade está crescendo? Se considerarmos somente as mulheres, provavelmente teríamos de dar uma resposta positiva, descontando o fato de que, diferentemente do passado, elas se sentem mais livres para revelar suas infidelidades. Também teríamos de levar em consideração que um aumento deve ter ocorrido em função do fato de a fidelidade ter deixado de ser um valor supremo do casamento, como o foi a virgindade, até a um tempo que agora já vai longe.

Portanto, os dados, corroborados pela experiência clínica, não evidenciam pura e simplesmente um aumento da infidelidade, mas uma mudança dos valores implícitos do casamento e o estabelecimento de mais uma igualdade entre homens e mulheres. Na verdade, existe uma evolução no sentido da fidelidade, que deixou de ser uma imposição para se tornar uma conquista do relacionamento maduro. Na nova configuração do casamento, a questão do prazer é essencial, e a traição ocorre quando há dificuldade de juntar amor e sexo na mesma pessoa.

VIDA APÓS O DIVÓRCIO

Acompanhando a nova configuração do casamento, o número de separações aumentou bastante. De acordo com o IBGE, comparando-se com a década de 1970, o número de separações oficiais triplicou em nosso país. Um fato que surpreende na atualidade, representando uma verdadeira reversão do que se constatava em passado recente, é que dois terços dos processos de separação judicial são abertos pelas mulheres, estimando-se que se deve à iniciativa das mulheres pelo menos a metade dos processos de separação conjugal. Esses dados parecem encontrar respaldo na insatisfação das mulheres em relação aos maridos conforme demonstram estudos realizados em diversos países. O resultado é que, agora, não são só os homens que se queixam das mulheres, elas também se queixam dos maridos, além de darem preferência a ficar sozinhas do que manter um casamento insatisfatório: é o que afirmam 96% das americanas. Contudo, uma questão que não se pode deixar de lado ao abordar o crescimento do número de divórcios, viabilizando novos casamentos, é a expectativa de vida que, entre 1920 e 1980 teve um aumento de 30 anos, chegando a quase 80 anos em 1990.

ATO DE VONTADE

Vivemos em uma época em que, aparentemente, o casamento começa a dar mostras de se encontrar próximo de atingir a sua maturidade, passando a representar verdadeiramente aquilo que o ritual, preservado há centenas de anos, apenas simbolizou: um ato de vontade. Na maioria das vezes, o tradicional "sim" deixou de ser uma simples formalidade para representar os anseios de prazer e de realização estabelecidos prévia e livremente pelos cônjuges.

Como conseqüência, o espaço ocupado pelo casal se ampliou muitíssimo quando comparado com o *lar* da Idade Antiga, podendo o casal ocupar a mesma casa, a mesma cidade ou casas e cidades distintas.

A opção também se faz em relação aos filhos: o casal poderá decidir tê-los ou não. Outra característica das relações conjugais atuais é que ficou claro que os filhos participam da configuração da família quando marido e mulher tornam-se pai e mãe, mas a separação diz respeito, exclusivamente, ao casamento, não aos filhos que, mesmo após este evento, seguem pertencendo à família que lhes deu origem e que, na maioria das vezes, ampliam suas vidas afetivas nas novas uniões dos pais.

Pensar que a constituição dessas novas uniões atende apenas aos interesses dos pais pode ser uma conclusão apressada e, não raramente, limitada. Por mais difícil que seja, precisamos enfrentar a realidade de que o sofrimento de uma criança, em muitos casos, possa ser atenuado com a separação e posterior novo casamento dos pais. No primeiro caso, temos de levar em consideração que a separação pode pôr fim a um relacionamento marcado por um clima de permanente tensão, insegurança, tristeza e frustração. Por ouro lado, temos de considerar que pais e mães separados, portanto, sozinhos, por mais que desejem, nem sempre conseguem criar um ambiente de segurança e de alegria para os filhos, que acabam dividindo o sofrimento dos pais. Por essa razão, o recasamento dos pais pode tornar-se uma meta compartilhada com os filhos.

INDIVIDUALISMO

Com o capitalismo e a modernidade, cresceu o individualismo, com suas vantagens e suas desvantagens. Dentro desse contexto, as mulheres não querem mais ser definidas pelo casamento, preservando-se o direito de escolha de seus parceiros. Além disso, elas aspiram à independência financeira para governar suas próprias vidas e, para atingir este objetivo, estão postergando a idade para casar e ter filhos. Portanto, não buscam mais um mantenedor, mas um amante, um companheiro e, antes de casar, querem passar pela experiência de viver um tempo sozinhas. O individualismo gera o anseio da autonomia, mas não exclui, necessariamente, o amor.

Quando os papéis de marido e mulher eram determinados, as relações, pelo que tudo indica, eram mais fáceis, mas a liberdade e, principalmente, a felicidade e o prazer sexual encontravam-se sujeitos a restrições bem maiores do que na atualidade, em particular para as mulheres. Evidentemente, essa nova postura aumentou em muito o número de mulheres solteiras e descasadas inteligentes, atraentes sexualmente e bem-sucedidas na profissão. No Brasil, elas atingem a casa dos 20 milhões e nos Estados Unidos, dos 43 milhões. Contudo, muito poucas desejam voltar à condição anterior e, em vez disso, estão encontrando outras formas de se divertir e de ter prazer fora do casamento. Parece que o problema maior das mulheres não é permanecerem sozinhas, mas a restrição que esta situação impõe aos seus anseios de maternidade. Este quadro pode configurar apenas uma etapa de transição da cultura, nada garantindo que não ocorrerão outras mudanças ou, até mesmo, uma volta para formas anteriores de relacionamento, provavelmente, com algumas diferenças.

VOLTA AO PASSADO

Em nossa experiência com indivíduos mais jovens, percebemos uma crescente valorização do verdadeiro significado da relação conjugal, resgatando e trilhando as etapas de namoro, noivado e, finalmente, casamento propriamente dito que, no passado, fizeram parte de um rito de passagem para a genitalidade concretizada, simbolicamente, na lua-de-mel. Da mesma forma, o amor deixou de ser apenas um símbolo do casamento para representar, com o prazer proporcionado pelo sexo, uma condição indispensável para o estabelecimento e a manutenção do vínculo conjugal, correspondendo a uma evolução da cultura no sentido da integração, em especial, dos aspectos sexuais e maternos da mulher. O prazer proporcionado pelo sexo não deve constituir um ganho a mais do casamento, mas a fonte da qual emana a força que consolida o laço afetivo e garante sua qualidade, reforçando o sentimento de identidade masculina no homem e feminina na mulher. A vulnerabilidade do relacionamento conjugal decorre, em boa medida, da dificuldade de o ser humano atingir um nível de amadurecimento que o capacite a manter em seu relacionamento conjugal o difícil equilíbrio entre o amor e o desejo, permanentemente ameaçado pelas vicissitudes do cotidiano. Para enfrentar essa dificuldade, os casais precisam contar com a tolerância, um dos principais instrumentos de prevenção do desajuste conjugal.

ESTABILIDADE DO CASAMENTO

Há poucos dias, folheando uma revista de circulação nacional enquanto aguardava o dentista, fui atraído por uma matéria sobre o casamento, em particular um decálogo cujo título era "Para não ficar sozinho". Embora não me parecesse muito estranho o que eu ia lendo, somente no final é que constatei que a fonte era o meu livro *A cena conjugal*. Por essa razão, tomei a liberdade de reproduzir os 10 itens selecionados e condensados pelas autoras da excelente matéria, as jornalistas Sara Duarte e Valéria Propato, por considerá-los importantes para a estabilidade do vínculo conjugal, apesar de o casamento, no acender das luzes do terceiro milênio, não seguir normas muito rígidas e encaminhar-se para ser mais uma incerteza que é estimulante e criativa do que uma certeza que entedia.

Diálogo

Às vezes, os casais acham que se conhecem tão bem que não precisam nem revelar pensamentos. Basta um olhar. Mas a comunicação verbal, de forma clara e objetiva, ainda é o melhor caminho.

Cumplicidade

O casamento deve ser uma área de segurança e abastecimento afetivo. É necessário espaço para discutir amor, ódio, fracasso e sucesso. Faz parte desse processo estimular o parceiro a crescer.

Dedicação

Grande parte dos desajustes decorre da dependência dos cônjuges em relação às suas famílias. Não deixar que as sogras (e os sogros, acrescento) interfiram na relação do casal é tão importante quanto se dar bem com elas.

Individualidade

Por mais que se compartilhe interesses e atividades, é essencial cada um manter seu espaço. Cada um tem de ser o complemento, e não a extensão do outro. Faz parte do jogo aceitar a história e os segredos do parceiro.

Sexo

Quanto mais prazer o casal tiver na cama, mais feliz será. A satisfação sexual é um dos aspectos mais ambicionados e enriquecedores do relacionamento adulto.

Paciência

Achar que o casamento é um mar de rosas é pura balela. Conflitos são inevitáveis, e o casal precisa estar ciente dessa realidade desde o início. Paciência para tentar corrigi-los é fundamental.

Apoio

Fazer de tudo para manter o desejo e a admiração mesmo em idade avançada é bom. De vez em quando, é importante reafirmar o que um sente pelo outro e ajudar o companheiro a manter a sua auto-estima.

Amizade

Não é aconselhável viver eternamente isolado. Ter um grupo de bons amigos serve como referência para checar se a relação vai bem e dividir experiências.

Filhos

O casal deve alargar a relação para incluí-los, mas, de forma alguma, deve deixar a relação ser dominada por eles. Quando isso acontece, o casamento esvazia, perde atrativos e se resume às tarefas de maternidade e de paternidade.

Felicidade

A relação a dois deve representar uma fonte de prazer, de felicidade e de alegria. Isso não quer dizer que o casal deva viver em eterna serenidade. Uma briguinha aqui, outra ali até evita o tédio, o pior inimigo do casamento.

COMENTÁRIOS

Evitar o sofrimento dos filhos sempre foi a razão mais freqüentemente apontada para manter um casamento fracassado, assim como a submissão aos preceitos religiosos e às imposições familiares. Separar-se, casar-se mais uma vez e formar uma família que reúne os filhos que advêm desta ligação com os filhos dos casamentos anteriores representa uma nova concepção do casamento que, de acordo com opinião dos especialistas, surpreende pelo resultado favorável em um grande número de casos.

Evidentemente, essa constatação não indica que a segunda família é melhor do que a primeira ou, muito menos, visa a subestimar o sofrimento de um lar desfeito, em particular para as crianças. No entanto, assim como no momento da separação, percebe-se que, na maioria das vezes, são as dificuldades dos pais que funcionam como entrave da adaptação dos filhos às novas famílias. Não obstante, quando ocorre de os pais realizarem um sincero esforço no sentido de proporcionar um ambiente acolhedor a estes filhos reunidos em novas famílias, os sentimentos de perda são atenuados pelos novos relacionamentos que, ao se firmarem, podem resistir até mesmo a novas separações.

No entanto, assim como o casal não deve responsabilizar os filhos pela continuidade da relação, da mesma forma deve evitar de imputá-los pela decisão de um novo casamento, em que pese ter presente as vantagens que uma decisão dessa natureza pode redundar para eles. O que deve ser esclarecido é que a união será feita em nome da necessidade de manter um relacionamento estável com alguém que se ama, ressaltando a expectativa e o esforço verdadeiro que deverá ser empreendido para possibilitar a constituição da nova família. Evidentemente, se esta comunicação é feita quando existe confiança na relação e certeza na decisão, evita-se que os filhos, diante das idas e vindas, tornem-se cépticos quanto à sinceridade dos vínculos conjugais. Contrariamente, quando pai e mãe conseguem refazer satisfatoriamente suas vidas afetivas em um novo casamento, um sentimento de esperança nas capacidades amorosas abranda a descrença nos relacionamentos conjugais, mobilizada pela separação.

Em relação ao casamento, o que se tornou imperativo nos últimos anos é que as individualidades sejam respeitadas e que marido e mulher, livres de preconceitos, amem-se e vivam felizes. A família tradicional, assim como o nacionalismo tradicional, radicais, patrimoniais e ensimesmados constituem formas xenofóbicas de convivência humana cujas raízes se encontram na primitiva relação do bebê com sua mãe, na qual, todos, inclusive o pai, são considerados estranhos e ameaçadores. A idealização da família tradicional deve ser entendida como uma organização defensiva contra o medo do abandono e da dissolução. Apesar disso, a família continua sendo importante, necessária e indispensável para a estruturação psíquica do indivíduo, mas os seus verdadeiros valores podem ser resgatados na formação das novas famílias criadas pela separação.

8

Dúvidas que surgem na hora da separação

INTRODUÇÃO

A experiência psiquiátrica e psicanalítica assegura com absoluta certeza que a maior dificuldade do ser humano, do nascimento à morte, é lidar com a separação e a perda. O divórcio representa muitas perdas ao mesmo tempo, justificando a razão de, geralmente, ser antecedido por um processo de hesitação, com muitas idas e vindas. Os casais que se divorciam costumam ser alvo de críticas, porque mexem exatamente com esses sentimentos, pouco tolerados pela grande maioria das pessoas. É bastante comum o cônjuge que toma a iniciativa da separação tornar-se malvisto no círculo de amizade do casal pela possibilidade de gerar com a sua atitude um movimento identificatório, ameaçando principalmente aqueles cujo casamento não se encontra muito seguro. Evidentemente, trata-se de um pensamento de conteúdo mágico, com pouca ou nenhuma vinculação com a realidade, próprio de pessoas imaturas.

Contrariamente, a iniciativa de um indivíduo de se separar também pode despertar a admiração por parte do grupo social pelo motivo de ter conseguido enfrentar uma situação que impõe inúmeras perdas, dando continuidade à sua vida. Este sentimento é mais freqüente nas pessoas que possuem a experiência de um relacionamento conjugal estável e gratificante, razão pela qual se mostram mais tolerantes do que aqueles que, no fundo, desejam o mesmo.

Por último, temos de prever também a situação de um indivíduo que se separou vir a se tornar alvo de violentos ataques, geralmente no plano moral, desencadeados pela inveja de alguém que, embora vivendo mal com o cônjuge, não consegue sequer imaginar a possibilidade de uma separação.

Por tudo isso, surgem inúmeras dúvidas na cabeça de quem decide se separar, independentemente das razões dessa iniciativa. Contudo, para a maioria das pessoas, as dúvidas mais contundentes relacionam-se com os filhos e a dificuldade de dirimi-las; além de insegurança, geram sofrimento e, não raro, soluções inadequadas. Na maioria das vezes, os pais não sabem o que é menos prejudicial para as crianças e, diante dessa dúvida, optam por se omitirem, decisão que, freqüentemente, revela-se desastrosa. Nos dias atuais, esta situação, pela sua freqüência, representa um verdadeiro conflito da vida real. Sendo assim, neste capítulo, procurarei dar uma resposta a algumas das dúvidas que geralmente surgem aos pais no momento em que resolvem se separar. Não são as únicas dúvidas nem provavelmente as únicas respostas possíveis. No entanto, poderão instigar o leitor a uma reflexão sobre o cenário menos traumático para os filhos no momento da separação.

DESENTENDIMENTO OU SEPARAÇÃO: O QUE É PIOR PARA A CRIANÇA?

Embora os filhos sempre revelem algum nível de sofrimento emocional quando os pais tomam a decisão de se separar, a observação de um grande número de casos indica que as dificuldades apresentadas pelas crianças se devem mais ao conflito parental do que à separação propriamente dita.

Não há dúvida de que, entre as crianças que apresentam desajustes depois da separação, a maior incidência é daquelas que presenciaram ou participaram das brigas dos pais por um longo período. Em contrapartida, as crianças cujos pais as protegerem de seus desentendimentos e agressões antes, durante e depois da separação tendem a se ajustar à nova vida mais facilmente.

Através de um estudo do Instituto Nacional de Saúde Mental dos Estados Unidos, abrangendo 1.423 crianças, realizado em 1985, chega-se à conclusão de que as crianças que moram com um genitor divorciado apresentam menos problemas de conduta do que as que moram com pais casados que se encontram em permanente litígio. De acordo com várias pesquisas realizadas, conclui-se que, na maioria dos casos, o problema mais difícil para os filhos de pais separados não é a separação, mas a exposição ao conflito parental crônico. Sendo assim, tendo em vista a segurança e o bem-estar dos filhos, em muitos casos é preferível expô-los à tristeza de uma separação do que à ameaça de destruição e de abandono proporcionada pelas brigas constantes do casal, criando, em alguns casos, uma situação caótica e sem saída que rouba das crianças o prazer infantil de viver.

Evidentemente, a situação das crianças não melhora muito se os pais, mesmo separados, continuam brigando e, como ocorre freqüentemente, utilizando os filhos como instrumento de suas contendas.

MOTIVOS DA SEPARAÇÃO: CONTAR OU NÃO CONTAR?

Quando os pais, muitas vezes por culpa, evitam conversar com os filhos a respeito da separação, criam um clima muito ameaçante para as crianças, que passam a temer pelo seu futuro. No entanto, os pais devem manter preservada sua vida íntima, não revelando os seus conflitos ou os motivos da separação aos filhos. Da mesma forma, não devem permitir que os filhos interfiram na decisão que tomaram de se separar. O que deve ficar claro é que a separação é irreversível e que estão dispostos a encontrar a melhor forma para que todos sofram o menos possível. Mais importante do que informar por que o casamento não deu certo é explicar aos filhos que eles não têm nenhuma responsabilidade e prepará-los para a nova experiência de vida que terão de enfrentar.

No entanto, o fato de os motivos da separação serem ocultados não evita que os filhos queiram e necessitem de algum esclarecimento sobre o assunto. Os pais podem e devem dar uma explicação genérica sobre o casamento, uma relação que inicia com um homem e uma mulher se amando e desejando um ao outro, mas que com o passar do tempo podem modificar os seus sentimentos. Os pais ajudarão os filhos se conseguirem passar a idéia de que, por mais difícil que seja, o ser humano deve lutar pela sua felicidade, mesmo que precise enfrentar a tristeza de uma separação. Poderão aproveitar a ocasião para esclarecer que com os filhos é diferente, os sentimentos permanecem por toda a vida, não se modificando mesmo quando os pais se separam. Também é importante que informem aos filhos que discutiram muito o assunto antes de tomarem a decisão, ou seja, que não agiram irresponsavelmente e que, mesmo em casas diferentes, estarão empenhados em ajudá-los para se sentirem seguros e felizes.

Os pais devem estar juntos no momento de comunicar a separação aos filhos, evitando controvérsias e mostrando com essa atitude que em relação a eles têm pontos em comum e continuam unidos. Desta forma, ficam dispensados de fingirem um relacionamento que não existe mais, conseguindo evitar ou atenuar quatro grandes problemas que as crianças costumam apresentar após a separação dos pais: fantasias de reconciliação, conflitos de lealdade, parentificação e triangulações.

A dificuldade dos pais de deixarem claro para os filhos que a decisão de se separarem é irreversível ratifica suas naturais fantasias de reconciliação, que podem persistir por vários anos. Quando isso ocorre, as crianças devotam seus interesses integralmente para esse fim, constituindo-se em um fator de empobrecimento de sua existência. Às vezes, os pais acreditam que, se forem muito incisivos, os filhos poderão sofrer um trauma emocional, preferindo deixá-los na dúvida quanto à irreversibilidade da decisão. Geralmente, esse argumento representa uma racionalização, mediante a qual os pais procuram encobrir sua ambivalência relacionada com a separação.

Quando uma criança é levada a tomar o partido de um dos pais, caracterizando os chamados conflitos de lealdade, ela se defronta com uma angústia muito grande que surge da culpa e do medo de ser abandonada. Trata-se de uma experiência afetiva muito penosa para uma criança que ainda pode enfrentar, simultaneamente, os sentimentos de raiva e a conseqüente culpa em relação ao pai provocador do conflito de lealdade. O motivo que, geralmente, leva a um indivíduo a criar uma situação dessa natureza é a inveja da relação dos filhos com o ex-cônjuge, revelando com esta atitude sentir-se como uma criancinha abandonada pela mamãe. Para se sentirem seguras, as crianças necessitam do amor de ambos os pais e, quando são envolvidas por um conflito de lealdade, sentem-se internamente como se estivessem sendo despedaçadas.

Cito um exemplo dramático: o psiquiatra foi chamado com urgência em uma casa a fim de evitar que uma jovem de 18 anos consumasse o seu impulso de matar a própria mãe, que se encontrava trancada no quarto enquanto a filha tentava arrombar a porta batendo com um objeto de ferro pontiagudo. Os pais haviam se separado quando ela tinha 4 anos e, desde então, encontrava-se envolvida em um conflito de lealdade promovido pela mãe, uma mulher com marcados traços paranóides de personalidade que usava a filha para atacar o ex-marido, se possível, todos os dias, a fim de se vingar da ferida narcisista que havia causado ao lhe trocar por outra mulher. A jovem encontrava-se em um surto psicótico agudo, imaginando em seu delírio que a mãe encontrava-se possuída pelo demônio. Segundo referiu, ela não desejava matar a mãe, mas o demônio que o seu corpo albergava. O surto havia sido desencadeado pela informação que deveria prestar um depoimento em juízo contra o pai. Ela disse que não agüentou a mãe em seus ouvidos durante vários dias tentando incutir em sua mente o deveria dizer ao juiz. Embora as conseqüências dos conflitos de lealdade não costumem ser tão graves quanto as observadas neste caso, o certo é que eles representam mais um sofrimento para as crianças cujos pais decidem separar-se.

A separação do casal determina modificações na distribuição dos papéis dentro da família. Denomina-se parentificação a inversão de papéis entre pais e filhos, ou seja, as crianças assumem as tarefas dos adultos na família. Essa inversão pode ser sutil ou ostensiva. O primeiro caso envolve, principalmente, necessidades de afeto e de apoio dos pais, e o segundo, os cuidados da casa e dos irmãos menores. Uma situação comum é os pais utilizarem os filhos como confidentes. Na parentificação, as necessidades da criança são subtraídas, gerando na vida adulta os quadros de pseudomaturidade. Um exemplo de parentificação encontra-se no filme *Como água para chocolate* (Afonso Arau, México, 1992), que ilustra uma tradição mexicana segundo a qual, quando morre o pai, a filha mais moça deve abdicar do casamento para acompanhar a mãe até o final de sua vida.

A quarta complicação é a triangulação, que ocorre mais freqüentemente quando os pais continuam brigando após a separação, colocando suas necessidades afetivas acima dos cuidados com os filhos. A situação é caracterizada por uma nova disposição do triângulo edípico que, inicialmente é formado pelo pai, pela mãe e pelo (a) filho(a) na posição de terceiro excluído. Esta condição infantil é o botão de arranque do desenvolvimento emocional do ser humano. Sem essa experiência, a criança não tem nenhum estímulo para desejar vir a ser, no futuro, um indivíduo adulto capaz de desfrutar com uma pessoa que se encontra fora do núcleo familiar um relacionamento tão prazeroso quanto percebeu ou imaginou existir entre os pais.

Na triangulação, cria-se a ilusão de viver, não no futuro, mas agora, essa experiência prazerosa com o pai ou com a mãe, figuras fortemente idealizadas na infância. Nesta nova configuração edípica, o filho ou a filha forma um casal com um dos pais, e o outro passa a ocupar o papel de excluído. Essa situação pode se constituir em um fator etiológico de sintomas psiquiátricos que costumam eclodir mais tarde na adolescência ou na vida adulta, principalmente nos relacionamentos efetivos com pessoas do outro sexo. Provavelmente, por uma determinação de base biológica, essas configurações incestuosas são mais comuns entre pai e filha, embora também ocorram entre mãe e filho. Neste último caso, geralmente encontramos mães emocionalmente imaturas que chamam a atenção por marcados traços narcisistas de personalidade.

CONVENIÊNCIAS: EM QUEM PENSAR PRIMEIRO?

O melhor para K. e N., supostamente, foi separar-se. Foi isso que eles acabaram de dizer para os filhos, ou seja, que fizeram o melhor que podiam para eles. Agora, é de se esperar que desejem saber o que é melhor para os filhos nesta nova situação, recorrendo à fonte mais frágil da separação e também a mais capacitada para dar uma resposta satisfatória sobre este assunto: os próprios filhos. Tudo isso se configura, aparentemente, muito lógico e razoável, no entanto, como ocorre na maioria dos casos, K. e N. resolveram tudo de acordo com as suas conveniências, sem nada perguntar aos filhos. Além disso, como também ocorre na maioria dos casos, eles continuaram envolvidos com os seus próprios problemas, relegando as necessidades dos filhos a um lugar secundário em suas preocupações.

Em contrapartida, um casal que pretendia separar-se procurou um psicanalista conhecido para saber como daria a notícia aos seus dois filhos: de uma só vez ou paulatinamente? O marido pensava que seria traumático para os filhos serem informados sobre tudo em uma só vez, enquanto a mulher imaginava que eles sofreriam mais se notícia fosse dada aos poucos. O profissional sugeriu que o casal, em primeiro lugar, conversasse calmamente com os filhos sobre a decisão que haviam tomado após refletirem responsavelmente sobre o assunto e, depois, colocassem o seu desejo de encontrarem com eles a maneira como eles poderiam sentir-se melhor apesar da separação, enfatizando que, mais do que nunca, encontravam-se dispostos a ajudá-los. Passados alguns dias, o casal informou ao psicanalista que ficou surpreso com a reação dos filhos: um menino de 7 e uma menina de 12 anos. Durante o encontro, eles deixaram claro que já previam a separação e apresentaram várias decisões que haviam tomado de comum acordo, por exemplo: o menino moraria com o pai e a menina com a mãe, além de um esquema de visitas muito bem elaborado que levava em consideração seus compromissos escolares e os compromissos profissionais dos pais.

Neste caso, além do genuíno interesse dos pais em proporcionarem toda a segurança aos filhos, a boa condição socioeconômica da família, que dispunha de empregadas e de motorista muito estimados pelas crianças, funcionando como extensões maternas e paternas, constitui-se em um elemento francamente favorecedor da excelente evolução observada neste caso.

Certas ou erradas suas suposições a respeito da reação dos filhos diante da comunicação da notícia de sua separação, este casal, em primeiro lugar, demonstrou o anseio de levar os filhos, apesar da separação dos pais, a se sentirem seguros e sofressem o menos possível, não hesitando em contar com a ajuda de terceiros, no caso, o psicanalista amigo e os empregados da família. Portanto, quando as crianças não são esquecidas e, como conseqüência, são convidadas a participar do planejamento de uma nova organização familiar determinada pela separação, elas se sentem menos ameaçadas de serem abandonadas, e a experiência pode ser elaborada mais facilmente, sem risco de uma fratura traumática do desenvolvimento.

Este caso ilustra a posição bem definida de muitos estudiosos de que a vontade dos filhos, principalmente em relação à moradia, sempre que for possível, deve ser atendida. Evidentemente, existem situações reais que impedem os pais de satisfazerem integralmente os desejos dos filhos em relação a esse aspecto em particular. No entanto, muitas vezes os fatores que determinam com qual dos pais a criança deve permanecer não têm nada a ver com a realidade, encontrando suas razões em argumentos enganosos, que incrementam a insegurança dos filhos e reforçam suas fantasias de abandono.

O QUE É MAIS IMPORTANTE NAS VISITAS: FREQÜÊNCIA OU REGULARIDADE?

Uma pergunta que seguidamente é feita aos especialistas é a seguinte: o que é mais importante para a criança, a freqüência ou a regularidade das visitas do pai que mora fora? As duas são importantes, mas a regularidade é a que mais contribui para a segurança da criança. É surpreendente como filhos de pais separados com 3 ou 4 anos de idade são capazes de adquirir em pouco tempo uma noção razoável de relações de hora, dia e semana. Cito um exemplo: D., um menino exatamente desta idade, disse ao pai que acabara de lhe informar que no dia seguinte não iria lhe buscar na pré-escola: "Eu sei, amanhã é quarta-feira, você está de plantão no hospital".

As crianças levam a sério suas combinações com os pais e se sentem muito seguras quando eles procuram cumpri-las. Assim, I., uma menina de 4 anos, disse à professora que procurava tranqüilizá-la pelo atraso da mãe para buscá-la na escola: "Às vezes, tem muito carro na rua e a mamãe se atrasa, mas ela está vindo para cá. Nós podemos ficar brincando um pouquinho enquanto ela não chega?". Os pais de I. costumavam cumprir as combinações que envolviam a filha com raríssimas alterações e, sempre que precisavam fazê-las, procuravam informá-la previamente.

Geralmente, os filhos de pais separados aprendem mais cedo a realizar uma série de tarefas, em particular aquelas que envolvem cuidados pessoais, e se mostram mais independentes do que as crianças da mesma faixa etária. Este ganho não resulta, necessariamente, do que poderia ser chamado de "amadurecimento forçado", mas da utilização das potencialidades da criança, geralmente subestimadas pelos adultos como revela a atitude de F., uma garotinha muito esperta de 4 anos: ela irrompeu a sala em que os pais assistiam à TV, carregando um quadro enorme que acabara de retirar da parede de seu quarto, e pediu aos mesmos que o fizessem desaparecer porque não queria mais vê-lo. Tratava-se de uma gravura muito bonita que tinha em primeiro plano uma menininha de aproximadamente 2 anos. Após muita insistência dos pais, ela explicou a razão do seu desejo de retirar o quadro do seu quarto: "Eu já não sou tão criancinha assim!".

Como é comum que os casais se separem após um período mais ou menos longo de brigas, às vezes acirradas, muitas crianças se sentem mais assistidas e mais tranqüilas após a separação dos pais. Como conseqüência, em muitos casos, uma separação pode não representar somente a morte da família, mas o renascimento de um novo lar. Um fator que contribui significativamente para o sentimento de segurança dos filhos é a estabilidade dos pais em relação a dois assuntos: moradia e novos relacionamentos. As crianças se sentem muito felizes quando os pais conseguem organizar suas casas após a separação e gostam de possuir nelas o seu espaço. Mesmo que resida permanentemente com um dois pais, os filhos de pais separados têm o direito, a vantagem e a necessidade afetiva de possuírem duas casas. Eles não devem se sentir como visitas na casa do pai que não detém a guarda. Quando isso ocorre, não adianta dizer-lhes que o pai que saiu de casa não se separou deles, que a separação é apenas do casal, que a relação com eles vai continuar igual, etc. O ideal é que sintam uma casa como extensão da outra, naquilo que lhes diz respeito. Eles devem ter o seu quarto mesmo quando só estejam com um dos pais eventualmente, como ocorre quando este reside em outra cidade.

Além de um espaço próprio na casa da mãe e também na casa do pai, as crianças ainda necessitam de um espaço próprio no tempo e nas atenções dos pais, principalmente no primeiro ano após a separação. Contudo, ao estabelecerem com os filhos o programa de visitas, os pais devem ter presente suas necessidades de lazer, de repouso, de convívio com amigos e de relacionamentos afetivos. No entanto, em relação a esses últimos, os pais devem mantê-los separados dos filhos por algum tempo, até que se sintam seguros de sua estabilidade. Lamentavelmente, em alguns casos, a separação dos pais é apenas a primeira experiência de perda de uma criança que é exposta a sucessivos relacionamentos que começam e terminam rapidamente, o que a leva a se sentir ameaçada de um dia também ser substituída.

IDADE DOS FILHOS: QUAL É A MELHOR PARA OS PAIS SE SEPARAREM?

Um dos questionamentos não apenas do casal, mas também dos especialistas é quando é melhor ou pior para as crianças os pais deixarem de viver juntos. O tema é o impacto da separação nas diferentes faixas etárias dos filhos. Existem hipóteses. A primeira é a do *efeito cumulativo*, segundo a qual, quanto mais cedo ocorrer a separação dos pais, mais vulnerável se encontrará a criança para enfrentar as demandas do desenvolvimento. A segunda hipótese é do *estágio crítico*, que estabelece que as crianças dos 3 aos 6 anos, principalmente os meninos, são mais suscetíveis à separação dos pais porque interfere na resolução do conflito edípico. A terceira hipótese é a da *recentilidade*, que sustenta que a separação dos pais tem um impacto apenas a curto prazo, e a maioria das crianças se recupera em um prazo de aproximadamente dois anos.

Provavelmente, todas essas hipóteses são verdadeiras e, ao mesmo tempo, são falsas, se considerarmos que a evolução de uma criança após a separação dos pais depende de inúmeros fatores que cercam esta vivência, a saber:

1. capacidade dos pais de satisfazer suas próprias necessidades emocionais de maneira saudável, enquanto mantêm um ambiente afetivamente aberto e estimulante para os filhos;
2. capacidade dos pais de continuar uma parentalidade efetiva após a separação;
3. capacidade dos pais de superarem os resquícios dos conflitos que levaram à separação quando precisam resolver problemas relacionados com os filhos;
4. capacidade prévia da criança de se ajustar a situações novas;
5. possibilidade da criança de manter uma relação contínua com o pai que não mora em casa;
6. possibilidade de manter a estabilidade no ambiente físico, minimizando o número de mudanças nos sistemas de apoio familiar.

Além disso, não podemos deixar de lado um aspecto imponderável que cerca esta vicissitude da vida familiar: pais e filhos podem já não serem os mesmos após a separação. Portanto, na verdade, não existe uma faixa etária dos filhos em que é melhor os pais se separarem, até mesmo porque as pessoas, assim como fazem para se casar, não escolhem uma data para se separar.

A separação é um evento possível em qualquer relacionamento conjugal, por isso tanto o casal quanto os filhos, na medida do possível, devem estar preparados para enfrentá-la, mas dificilmente ela poderá ser planejada. É evidente que uma precipitação por parte do casal que se separa e, depois de um tempo, volta a viver junto pode gerar um estado de insegurança nos filhos. Em contrapartida, quando a decisão de se separar se prolonga demasiadamente, os filhos podem sofrer com a ansiedade gerada pela incerteza. Por tudo isso, chega-se à conclusão de que em qualquer idade as crianças vão sofrer com a separação dos pais e que a única coisa que se pode fazer é atenuar este sofrimento mantendo atitudes adequadas.

COMENTÁRIOS

Evidentemente, existem outras dúvidas além das citadas. Contudo, dificilmente um pai ou uma mãe deixará de transitar por esses questionamentos diante da perspectiva de separação, como a clínica tem me mostrado ao longo de muitos anos. Com base nessa experiência, posso afirmar que a principal dificuldade diante desses questionamentos não é a falta de conhecimento ou de experiência, mas a culpa por se separar. Embora a coação da família, da Igreja e do Estado tenha diminuído de forma expressiva nas últimas duas ou três décadas, as recriminações por tal "desobediência" ainda se mantêm no inconsciente das pessoas, transmitindo-se através da cadeia geracional.

A este sentimento de culpa "original", vamos dizer, acresce-se a culpa com o cônjuge, por frustrar sua expectativa e, em particular, com os filhos. É evidente que os filhos podem manter e geralmente mantêm a esperança dos pais se conservarem unidos, mas a decepção que sentem quando eles se separam é em parte projetada pelos pais. Prova disso é que quando o casal consegue colocar a situação para os filhos sem ressentimentos, com bastante calma e procurando trocar idéias sobre a melhor maneira de atender às suas necessidades, é comum que se surpreenda favoravelmente com a reação dos mesmos. Um exemplo: H., 45 anos, médico, e L., 42 anos, advogada, resolveram se separar após 17 anos de casamento e três filhos com 16, 14 e 11 anos de idade. Inicialmente, eles discutiram a quem cabia informar aos filhos da separação: H., cuja infidelidade havia criado a crise conjugal, ou L. que havia tomado a decisão de se separar. Devido a essa discussão e outras menos importantes, reveladoras da própria dificuldade de perder o outro, resolveram procurar um terapeuta de casais, que mostrou que ambos estavam se sentindo culpados em relação aos filhos, procurando projetar no outro a responsabilidade pelo término do casamento. O terapeuta ainda deixou claro que em um relacionamento conjugal, todas as conquistas, incluindo os filhos, devem ser tributadas igualmente ao dois cônjuges, não se podendo utilizar outro critério para avaliar os fracassos, aos quais, como seres humanos, estamos permanentemente expostos.

Com isso, H. e L. decidiram conversar juntos com os três filhos sobre a separação, surpreendendo-se com a informação dos mesmos que já tinham se dado conta do que iria ocorrer há vários meses e, algumas vezes, conversado entre eles a respeito do assunto, manifestando suas vontades com quem morar após a separação. Apesar de os filhos afirmarem que estavam esperando o dia em que os pais iriam lhes fazer a comunicação, a conversa não foi fácil. "Os cinco choraram", foi o que informou o casal ao terapeuta no dia seguinte, acrescentando que, apesar disso, a experiência havia sido muito menos penosa do que tanto H. como L. poderiam imaginar e, no final, todos, aparentemente, embora tristes, não se mostraram destruídos com a separação.

O exemplo ilustra a realidade de que, embora o motivo de uma separação se instale abruptamente na vida de um casal, a separação propriamente dita é um processo que deve ser percorrido, visando à continuidade da vida dos cônjuges e, principalmente, o bem-estar dos filhos. O segredo consiste em dar um tempo suficiente para elaborar cada uma das etapas do processo. Os filhos fazem parte deste processo e também precisam elaborar a mudança de vida que a separação acarreta.

O que temos de ter presente é que a separação é uma possibilidade inevitável do destino do casamento, a qual não deve ser subestimada mesmo quando as pessoas se casam movidas por um verdadeiro amor. Exigir mais do que isso é desconhecer que as pessoas mudam com o passar dos anos e as naturais limitações do ser humano. Além disso, precisamos lembrar que a exigência de indissolubilidade do casamento, em seus primórdios, foi uma maneira de proteger a mulher que, quase na totalidade dos casos, dependia economicamente do marido e, principalmente, evitar que a prole fosse desamparada com o término da relação. Pensando assim, concluímos que tanto as leis da Igreja quanto do Estado agiram por muito tempo em defesa da mulher e dos filhos, mas que hoje devem valer as leis que emanam dos nossos sentimentos em consonância com a realidade, tanto interna quanto externa, dos cônjuges

9

Filhos de pais separados

A REALIDADE

Não podemos mais fechar os olhos para a possibilidade da separação, uma realidade que se concretiza em um número significativo de casamentos, estimando-se que, na atualidade, cerca de 40% das crianças experimentam o rompimento conjugal dos pais antes de completarem o 15º aniversário. Anualmente, são 200 mil crianças que vêem seus pais se separar nas regiões metropolitanas do Brasil. Além disso, aproximadamente 80% dos pais separados voltam a se casar nos três anos seguintes, e mais da metade acabarão em uma nova separação. Como conseqüência da alta incidência de novos casamentos, um quarto das crianças de hoje viverão, por algum tempo, com uma família não-consangüínea. Atualmente, observa-se um número crescente de casais que se separam após um curto período de casamento, com filhos entre 1 e 3 anos de idade. Como conseqüência dessa realidade, nos Estados Unidos, um terço das crianças com até 5 anos vivem apenas com a mãe.

Não obstante, as separações de casais, principalmente com filhos, mobilizam uma variedade e um montante de sentimentos, muitos deles conflitantes, que tornam esse processo doloroso e, freqüentemente, mal-sucedido. De acordo com a Associação Americana de Psiquiatria, a separação dos pais é um estressor severo, agudo e causador de uma variedade de sintomas, principalmente nas crianças. A instabilidade familiar, o divórcio e os novos casamentos interferem no desenvolvimento emocional da criança, cujas conseqüências serão observadas a curto, médio e longo prazo.

O FANTASMA DO CASAMENTO

Toda crítica dirigida ao grande número de separações observado atualmente necessita levar em consideração dois aspectos: o primeiro se relaciona com a irresponsabilidade com que muitos se casam, resultando em separações precoces, às vezes com filhos recém-nascidos. O outro aspecto diz respeito à negação maciça do grande potencial de separação que um relacionamento conjugal apresenta, mantido no passado por uma grande pressão familiar, social e religiosa. Um contrato de casamento mais honesto deveria levar em consideração a possibilidade de os cônjuges se separarem. Em vez do tradicional "até que a morte os separe", os religiosos deveriam dizer "até que o divórcio os separe", e no lugar do "contrato de casamento" deveríamos ter um "contrato de casamento e de separação". De certa forma, os regimes de casamento previstos pela lei brasileira representam um reconhecimento prévio da possibilidade de separação e estabelece a forma de divisão do patrimônio, mas não chega a ser uma aceitação expressa dessa realidade. Prova disso é que o divórcio, o instituto que permite ao indivíduo casar-se legalmente mais de uma vez, foi incluído na constituição apenas em 1977, embora já fosse reconhecido na União Soviética desde 1918, nos Estados Unidos desde 1785 e na Dinamarca desde 1592.

SEPARAÇÃO E PERDA

O ser humano tem grande dificuldade de enfrentar a separação e a perda e, diante de uma experiência dessa natureza, costuma utilizar-se da negação. Por este motivo, as pessoas ao se casarem prometem em voz alta diante de Deus que jamais irão se separar, mesmo nas piores situações. Dessa forma, procuram negar a grande possibilidade de separação e de perda que o casamento oferece. Apesar dos esforços da sociedade e da cultura no sentido de manter afastada da consciência a ameaça da separação e da perda, a realidade mostra que um número elevado de casamentos acaba desfazendo-se após um período mais ou menos longo. Atualmente, observa-se um aumento crescente de separações em relacionamentos que até há alguns anos esta ocorrência era rara: os recentes, um ou dois anos, e os bastante longos, trinta anos ou mais. Mesmo assim, a separação segue representando uma parte dissociada e negada do casamento, como se não fizesse parte dele. Um dos alvos dessa negação é a criança, ou seja, a parte infantil dos pais projetada nos filhos. Supostamente para protegê-los, os pais procuram abordar com eles o assunto da separação o menos possível, tornando-os participantes passivos dessa dolorosa experiência. Além da depressão pelo afastamento de um dos pais, a criança ainda sofre a ameaça do desconhecimento dos fatos que cercam a sua vida, podendo experimentar esta vivência como mais um abandono.

RELIGIÃO E CASAMENTO

As religiões são criadas e mantidas com o objetivo de dar suporte à humanidade para enfrentar o evento mais temido que é a morte. Algumas religiões também oferecem a esperança de poupar o indivíduo de outros sofrimentos menores como os que resultam das doenças e das perdas. Além dessas funções, as religiões também desempenham o importante papel de limitador dos comportamentos indesejáveis do ser humano, representando um verdadeiro código de normas que visa a sustentar, basicamente, duas instituições: a família e a sociedade. Advertem os mandamentos: não matarás, honrarás pai e mãe, não desejarás a mulher do próximo, etc.

O casamento constitui um dos sacramentos da religião católica, portanto, abençoado por Deus e, por esta razão, subordinado à sua vontade, não podendo ser desfeito pelo homem. Essa mesma religião estabelece que o casamento deve ser monogâmico. Outras religiões apresentam variações a respeito desses dois aspectos: indissolubilidade e monogamia, mas todas se envolvem com a questão do casamento, conferindo ao mesmo uma origem e um caráter essencialmente religiosos. Tomando como exemplo o modelo da religião católica, observamos que as regras estabelecidas implicam um profundo conhecimento sobre a alma humana. Durante a cerimônia, o representante obriga os nubentes a se comprometerem a se manter unidos "na saúde e na doença, na riqueza e na pobreza", evidenciando o reconhecimento da possibilidade de separação, afastada magicamente pelo ritual do casamento. Assim como em relação à vida eterna, a desejada felicidade conjugal torna-se possível de ser alcançada graças ao cumprimento das regras estabelecidas, entre as quais se encontram a fidelidade e o relacionamento conjugal exclusivamente com fins procriativos, através das quais se tenta sufocar a mais importante ameaça do casamento: o desejo, fruto da fantasia, e o prazer.

Além das religiões, outros fatores contribuíram para o estabelecimento das regras de monogamia e indissolubilidade do casamento, alguns muito antigos. Entre esses fatores, encontramos a necessidade de evitar o incesto e, muito justificadamente, a necessidade de garantir o sustento da prole. No entanto, as proibições impostas pelas religiões e as leis não conseguiram evitar a infidelidade e, também, as separações. Particularmente em relação às últimas, somente as tornaram mais sofridas. É lamentável que isso ocorra quando se sabe que entre os casais que vivem mais harmoniosamente encontra-se o contingente de pessoas que não negam a real possibilidade de uma separação. A razão é simples: quem não nega a possibilidade de separação, adquire maior capacidade para tomar medidas que visam a evitar essa realidade. A exclusão da separação do curso natural do casamento oferece dificuldades não só ao casal, como também e, principalmente, aos filhos que se tornam vítimas do afastamento dos pais e vítimas da ignorância sobre os motivos da separação, resultante do manto de silêncio que é distendido sobre o tema.

NADANDO CONTRA A CORRENTEZA

Uma das questões mais delicadas da separação do casal, geralmente relegada a um segundo plano, pode ser encerrada em uma única e singela pergunta: como ajudar as crianças a enfrentarem essa difícil situação? Em primeiro lugar, evidentemente, expondo com clareza a situação e ouvindo o que elas nos têm a dizer. Mas as crianças não costumam ser ouvidas, transformando-se, como conseqüência, na parte mais desprotegida do processo de separação, com plenos direitos de protestar: "Esqueceram de nós!". Para ilustrar esse esquecimento, descreverei, resumidamente, um exemplo comovente de uma família de classe média, residente no interior do Estado:

Quando os pais informaram a M., uma menina de 6 anos, de uma maneira adequada e exemplar que iriam separar-se, ela expressou com clareza sua preferência por permanecer com o pai, embora mantivesse um excelente relacionamento com a mãe que, inicialmente, concordou em atender ao desejo da filha. Havia várias razões para essa preferência, entre as quais a menina permanecer na mesma escola. No entanto, passados alguns dias, a mãe voltou atrás, mas não conseguiu persuadir M. a mudar de idéia: ela manteve a decisão de morar na casa do pai e, consultada por este, concordou que ele pleiteasse judicialmente sua guarda. O juiz solicitou o apoio do serviço social judiciário, que perguntou a M. diante da mãe: "Você não quer morar com a sua mamãe?". A menina ficou constrangida com a pergunta e, não desejando magoar a mãe, respondeu: "Eu quero...". Informado pela filha da forma como havia sido interrogada, o pai solicitou que uma segunda entrevista com M. fosse realizada em sua casa, mas a assistente social destacada para o caso a considerou desnecessária. Ele procurou uma autoridade do referido serviço, a quem M. reafirmou sua posição inicial e expôs os motivos de sua resposta à assistente social. A autoridade se comprometeu com M. de fazer valer a sua preferência, mas o relatório apresentado ao juiz nada constou deste encontro, concluindo que a criança deveria permanecer com a mãe por ter declarado essa pretensão. Percebendo que de nada adiantaria levar adiante aquele processo, o pai optou por expor esta realidade para a filha, propondo que, para evitar o desgaste de seu relacionamento com a mãe, ambos desistissem temporariamente do pleito e estudassem uma forma alternativa de atender aos seus anseios. M. concordou prontamente com o pai e foi morar na casa da mãe.

Este é um exemplo que, apesar da dificuldade enfrentada, não chegou a produzir maiores danos para a criança, tendo em vista sentir-se verdadeiramente amada tanto pelo pai quanto pela mãe, que a ajudou bastante durante o período inicial da separação em que se sentiu bastante deprimida. O terapeuta que atendeu o caso nesta ocasião encantou-se com os recursos afetivos de M. para enfrentar situações difíceis sem se desestruturar e também com a dedicação e o grande amor que recebia dos pais. O tratamento teve curta duração, o suficiente para M. superar as naturais dificuldades emocionais decorrentes da inesperada mudança de vida promovida pela separação dos pais, mas permitiu ao terapeuta refletir a respeito de uma tendência tida pela maioria das pessoas como inquestionável: em uma separação, os filhos devem permanecer com a mãe, aparentemente confundindo imposição social com imperativo biológico.

A CULTURA IMPÕE SUA VONTADE

Durante o atendimento, o terapeuta teve a oportunidade de conversar reservadamente com a mãe de M. e perguntar-lhe porque não havia permitido que a filha permanecesse na casa do pai, conforme inicialmente aceitara. Ela declarou que não tinha nenhum motivo objetivo, considerando que o pai cuidava da filha tão bem quanto ela. No entanto, passados alguns dias de sua concordância, sentiu-se acusada internamente de ter feito alguma coisa errada, incompatível com sua condição de mãe. Além disso, as pessoas com as quais conversou a respeito do assunto foram unânimes em aconselhar que permanecesse com a filha, não faltando quem aventasse a possibilidade de, eventualmente, sua atitude ser considerada pela justiça um abandono da filha. Diante disso, ela resolveu não mais aceitar que a filha ficasse morando com o pai. Quando o ex-marido ingressou na vara de família a fim de obter a guarda da filha, não fez mais do que expressar o seu genuíno desejo de permanecer com M., transferindo para a justiça a responsabilidade da decisão. Dessa forma, aliviou-se dos seus sentimentos internos de culpa e também das críticas dirigidas por parentes e amigos com os quais comentou sua posição inicial. Por último, ela confessou que o evidente apoio concedido pelo serviço social judiciário em favor de sua pretensão teve o efeito de uma repreensão por sua atitude inicial, reforçando-se dentro dela a idéia de que uma mãe não pode abrir mão dos cuidados dos filhos. Neste, como em muitos outros casos, a cultura é que impõe a sua vontade, representando em algumas situações uma sobrecarga para a mulher que, tanto quanto o homem, necessita de tempo para trabalhar e para divertir-se e, em outras, uma crueldade com as crianças que ficam impedidas pelo preconceito de escolherem a melhor maneira de enfrentar as perdas determinadas pela separação dos pais.

NEM SEMPRE FOI ASSIM

Embora a orientação da justiça brasileira tenha se modificado nos últimos anos, observa-se na prática que, salvo em situações muito especiais, a guarda dos filhos é sempre concedida à mãe. Trata-se de uma tradição bastante antiga que, nos últimos anos, tem se modificado em países como os Estados Unidos e a Inglaterra que não só estão substituindo a própria expressão "termo de guarda" por outras menos rígidas, como também procurando encontrar formas alternativas que favoreçam o bem-estar e o desenvolvimento da criança, como a guarda compartida, que sequer consta no novo Código Civil, que entrou em vigor em 2002.

Embora antiga, esta determinação quase absoluta em nosso país de conceder a guarda dos filhos para a mãe nem sempre preponderou, tendo surgido com advento da sociedade industrial. Antes disso, a guarda dos filhos era concedida exclusivamente aos pais, porque tinham melhores condições de mantê-los economicamente e, de acordo com os tribunais da época, "as crianças não podiam dispensar o amor especial do pai". Quando as grandes famílias agrícolas constituídas por pais, filhos, avós e tios foram para as cidades, elas se esfacelaram em famílias nucleares formadas apenas pelo casal e os filhos. Nesta nova ordem social, o pai se tornou um operário que saía de casa para garantir o sustento da família, e a mãe assumiu como tarefa exclusiva o cuidado da prole, gerando-se um novo paradigma: o do instinto materno, base da orientação legal dos anos que correram do início do século XVIII até os nossos dias.

O pressuposto da existência de uma capacidade inata e, para muitos, exclusiva da mãe para cuidar dos filhos deu origem a dois problemas prejudiciais à criança: sobrecarregou a mulher e reduziu o homem a uma função paterna bastante restrita: prover o sustento da família. Prova disso é que a única obrigação que os tribunais cobram do homem que se separa é pagar a pensão alimentícia aos filhos, não havendo qualquer exigência de que se ocupe com a educação dos mesmos, tarefa atribuída à mãe. Atualmente, nos Estados Unidos, em cerca de 80% dos divórcios os juízes estabelecem o que chamam de *guarda legal conjunta*, na qual pai e mãe têm igual responsabilidade pela criança devendo tomar juntos as decisões mais importantes, inclusive em qual das duas casas residirá permanente ou alternativamente. Embora, predominantemente, assim como no Brasil, os filhos fiquem morando com a mãe, a idéia é de que, mesmo nesta condição, eles possam também se sentir em casa quando estão com o pai. Mais adiante, abordarei a importância deste sentimento para uma criança cujos pais se separaram.

FILHOS COM PREÇO FIXADO

Dificilmente os gastos com os filhos são objeto de discórdia de um casal e, pelo que parece, encontram-se muito longe dos valores alegados pelos pais quando se separam e, diante da impossibilidade de chegarem a um acordo a este respeito nesta oportunidade, submetem-se à decisão do tribunal que, justificadamente, tem dificuldade de estabelecer as reais necessidades da criança, tomando como referência, na quase totalidade dos casos, os recursos econômicos do pai. Contrariando essa tendência, cito uma sentença exemplar: a mãe ingressou na justiça com um pedido de aumento de pensão justificado por uma extensa lista de despesas da filha de 12 anos, a qual se encontrava aos seus cuidados, que indicavam usufruírem uma vida de abastança, incluindo viagens ao exterior. O pai não negou possuir recursos suficientes, mas alegou que considerava prejudicial à formação da filha acostumá-la a viver de uma forma tão dispendiosa. O juiz ponderou que pela exposição da mãe, ela contava com recursos suficientes para suprir com folga as necessidades da filha, não necessitando da contribuição paterna, decidindo que a pensão que vinha sendo paga pelo pai fosse depositada em uma caderneta de poupança da menina, que poderia dispor do montante diante de uma real necessidade ou quando atingisse a maioridade.

Pensão e visita dos filhos costumam ser um instrumento dos ressentimentos do casal que se separa e, freqüentemente, associam-se a uma relação perversa que expõe a criança à privação, ao desamparo e ao abandono, transformando-a em objeto de barganha. Algumas vezes, é o pai que se recusa a pagar a pensão porque a mãe impõe dificuldades ao seu direito de visita, outras é a mãe que impede a visita porque o pai deixou de pagar a pensão. O valor pretendido pelo genitor que detém a guarda, geralmente a mãe, em muitos casos representa uma tentativa de obter uma indenização por se sentir vítima do desprezo. Por essa razão, as exigências são muito maiores no início da separação e tendem a diminuir à medida que esta situação vai sendo elaborada, atenuando-se os sentimentos de prejuízo devido à maior aceitação da própria participação nos conflitos que determinaram o fim do relacionamento. Um exemplo dessa evolução encontramos em M., que, embora não se relacionasse muito bem com o marido há vários anos, ficou com muita raiva quando este decidiu sair de casa, passando a viver com outra mulher após pouco tempo. Ela ingressou na justiça com um pedido de pensão bastante elevado, alegando a necessidade de proporcionar aos filhos o mesmo padrão de vida que a família mantinha antes da separação. Sua disposição para a briga era muito grande e, de diversas maneiras, utilizou os filhos para atingir o seu objetivo. Agindo dessa maneira, obteve quase tudo o que pretendia, em parte porque o ex-marido sentia-se muito culpado, particularmente em relação aos filhos. No entanto, com o passar do tempo, tanto os sentimentos de raiva da mulher quanto os sentimentos de culpa do homem foram adequando-se à realidade e, simultaneamente, o valor da pensão que, inclusive, deixou de ter um valor fixo e passou a ser estabelecida mensalmente com base nas despesas reais dos filhos. Lamentavelmente, os juízes de família não costumam ser informados dessas mudanças que ocorrem extra-oficialmente depois de algum tempo, sendo obrigados a definirem o valor da pensão no momento mais tenso do processo de separação, durante o qual as necessidades da criança, com freqüência, representam uma fachada que encobre uma acirrada briga dos pais. Atualmente, nos Estados Unidos, além da utilização de mediadores para ajudar os casais separados a resolverem seus litígios, a justiça, ao inclinar-se no sentido de conceder a guarda conjunta dos filhos, acaba estabelecendo pensões menos elevadas, tendo em vista que a mãe também deve contribuir para o sustento dos filhos. Dessa forma, a justiça americana tem procurado evitar o abandono dos filhos e a utilização deles como objeto de barganha.

O DIA SEGUINTE

Embora muitas crianças suportem bem a tensão da discórdia e ruptura matrimoniais sem seqüelas psicológicas importantes, um número significativo delas fraqueja ao longo do caminho. As causas mais freqüentes de encaminhamento de crianças em idade escolar a tratamentos psicológicos são a separação dos pais e a perda de um deles por morte. O número de adolescentes em tratamento psiquiátrico é expressivamente maior entre filhos de pais separados. A depressão, moderada ou grave, é um sintoma freqüente em crianças e adolescentes cujos pais se separaram, às vezes persistindo por um período bastante longo. Estudos indicam que o aproveitamento escolar de crianças de pais separados é inferior ao aproveitamento de crianças de lares intactos, assim como é mais elevada a incidência de faltas à aula, suspensão, expulsão e interrupção dos estudos. Principalmente no período inicial da separação, essas crianças consultam o pediatra em uma freqüência bem mais elevadas por se tornarem mais vulneráveis às infecções devido à diminuição das defesas orgânicas e, também, porque a sua doença pode mobilizar o pai ausente. Com freqüência, o pai que detém a guarda, geralmente a mãe, supervaloriza os sintomas da criança para chamar a atenção do ex-cônjuge, procurando fazer com que se sinta culpado e despenda mais dinheiro.

As crianças e adolescentes sentem-se chocadas com a dissolução da família e a vivenciam com apreensão, angústia e tristeza. Raramente se sentem aliviadas com esta experiência, a não ser que sejam mais velhas e tenham presenciado atos de muita violência no relacionamento dos pais. A tristeza que freqüentemente se observa no semblante das crianças cujos pais acabaram de se separar expressa as diversas perdas infringidas pela realidade do afastamento do pai que sai de casa, do lar desfeito e, eventualmente, da perda de contato com parentes, amigos e colegas de aula. Como decorrência da natural onipotência do pensamento infantil, um número significativo de crianças costuma atribuir a si a responsabilidade da separação dos pais e, quando interrogada, não hesita em reconhecer o sentimento de culpa que resulta desta fantasia.

No prática, observamos que, a curto prazo, os meninos se mostram mais suscetíveis à separação dos pais e, a longo prazo, as meninas. Uma das manifestações mais marcantes dessas crianças é a tendência ao isolamento que, no menino, tende a ser mais precoce, enquanto, nas meninas, se manifesta freqüentemente a partir da entrada na adolescência. Esse sintoma apresenta menor incidência nas crianças que permanecem com o pai do mesmo sexo, as quais se mostram mais maduras, mais independentes e menos exigentes do que as que permanecem com o pai de sexo oposto.

Evidentemente, as reações das crianças à separação dos pais não são exatamente as mesmas em todas as faixas etárias. De acordo com o estudo longitudinal de Judith Wallerstein, realizado nas décadas de 1970 e 1980, entre os pré-escolares, ou seja, até 5 anos, a tendência é apresentar uma regressão em seu desenvolvimento tão logo um dos pais deixe o lar, manifestações exageradas de medo em relação aos afastamentos, mesmo que pequenos e rotineiros, do pai que detém a guarda, dificuldade para dormir à noite, fantasias de abandono, saudade intensa do pai ausente e agressividade, principalmente em relação aos irmãos. De 5 a 8 anos, as crianças podem apresentar um típico quadro de luto, sentimentos de preocupação e desejo intenso pelo genitor que partiu e declínio acentuado do rendimento escolar. Nesta faixa etária, as fantasias mais freqüentes dos meninos é que os pais o substituirão por outra criança e das meninas, quando ficam com a mãe, é que o pai, que a ama mais do que a ninguém, virá buscá-la para ficarem juntos para sempre. Entre 8 e 12 anos, observa-se uma raiva intensa em relação a um ou ambos os pais, ansiedade, solidão, impotência e humilhação. Assim como na faixa anterior, há uma diminuição do rendimento escolar e também do relacionamento com os colegas. Essas crianças apresentam a tendência a dissociarem os pais em um bom e o outro mau, a cederem aos agrados de um ou de outro para envolvê-las nas disputas por guarda ou de outra natureza e a assumirem um papel assistencial em relação ao pai mais dependente. Este foi o caso de J., 12 anos, que apoiou a mãe em todas as demandas judiciais contra o marido, chegando a ponto de declarar diante do juiz que não desejava mais permanecer nos fins de semana e nas férias com o pai porque recebia deste pouca atenção. Lamentavelmente, ao submeter-se às decisões judiciais que decorreram desta ação sem lutar para revertê-las, pois se sentiu muito decepcionado com o filho, este pai contribuiu para que J. se tornasse um ser sem vida própria e controlado pela paranóia da mãe que, movida pela raiva, tinha como único objetivo em sua vida a destruição do ex-marido. Ela era incapaz de tolerar que alguém pudesse deixá-la, constituindo-se este gesto em um ataque insuportável e enlouquecedor ao seu narcisismo.

Assim como nas faixas etárias anteriores, os adolescentes também são vulneráveis à separação dos pais, reagindo com bastante sofrimento expresso por um quadro de depressão aguda, transtornos de conduta e, eventualmente, ideação suicida. Os sentimentos de raiva são intensos, podendo chegar à agressão física ao pai que detém a guarda. Também pode ocorrer a identificação com um dos pais e o confronto com o outro. Muitos adolescentes nesta situação demonstram uma preocupação muito grande com a sua chegada à vida adulta, principalmente no que diz respeito às suas capacidades para estabelecer um relacionamento amoroso estável e feliz, temendo fracassar como seus pais neste intento. Apesar disso, aqueles jovens que conseguem elaborar com razoável sucesso essa etapa desenvolvem uma grande capacidade de independência e estabilidade.

UM NOVO HORIZONTE

Os achados de Wallerstein sobre os efeitos da separação dos pais na vida emocional dos filhos causou impacto, mas não se confirmaram plenamente nem na clínica, nem em estudos semelhantes realizados na seqüência, chamando a atenção as características da amostra desta socióloga formada por casais com sérios problemas psicológicos e de conduta antes, durante e após a dissolução do casamento. Contudo, reproduzem uma série de manifestações que podem ocorrer nas diversas faixas etárias como resultado da separação dos pais. No entanto, o ponto de vista atual predominante é de que o sofrimento dos filhos encontra-se mais condicionado à saúde mental dos pais e à forma como processam a separação do que à separação em si. Ao mesmo tempo, ao lado das inevitáveis desvantagens, tem sido possível constatar algumas vantagens obtidas pelos filhos de pais separados, destacando-se o amadurecimento mais precoce em um amplo espectro de situações quando comparados com filhos de casamentos estáveis. Além disso, em muitos casos, eles adquirem uma maior capacidade para tolerar privações e enfrentar adversidades, ambigüidades e experiências novas.

QUANDO OS PAIS USAM OS FILHOS

Temos de ter como certo de que é impossível passar por uma separação sem se arranhar. Isso ocorre porque, na maioria das vezes, o casamento chega ao seu final após um período mais ou menos longo de desentendimentos, os quais são geradores dos sentimentos de raiva, de desconfiança, de rejeição e de fracasso que costumam acompanhar os cônjuges ao longo do processo de separação. Esses sentimentos costumam persistir durante os primeiros anos de separação, havendo casos em que os filhos são utilizados como "cavalo de batalha" das hostilidades parentais.

Quando as crianças se sentem envolvidas pelo conflito parental, elas temem magoar um dos pais e ser por ele abandonado, principalmente se o casal está separado ou em vias de se separar. Apesar disso, ainda que inconscientemente, quase todos os pais utilizam os filhos como veículo de suas brigas durante e após a separação. Evidentemente, essa utilização dos filhos é cruel e deve ser evitada a todo o custo, não havendo nenhum caso que justifique uma atitude desta ordem.

As maneiras de atacar o ex-cônjuge através da prole consistem em sabotar o seu convívio com os filhos e depreciá-lo como mãe ou como pai. Esta última tem características marcadamente filicidas, uma vez que as crianças encontram-se fortemente identificadas com os pais e, quando estes são desvalorizados, elas também se sentem desvalorizadas. Ao agirem dessa forma, os pais evidenciam encontrarem-se na posição de bebezinhos enraivecidos, e não de indivíduos adultos.

Um pai responsável não é aquele que é capaz de manter um casamento infeliz para evitar o sofrimento dos filhos, o que dificilmente consegue nesta condição, mas aquele que é suficientemente maduro para distinguir relacionamento conjugal de paternidade e maternidade, conseqüentemente respeitando os vínculos dos filhos, nos quais se sustenta sua identidade de homem ou de mulher.

O RECÉM-NASCIDO

A descrição das conseqüências da separação dos pais na vida emocional das crianças e adolescentes tem como objetivo, neste capítulo, preparar os pais para ajudarem os filhos neste momento de grande dificuldade para eles. Não basta os pais dividirem os cuidados e atenções com os filhos quando estão por se separar ou já se separaram. É indispensável colocar as necessidades das crianças acima das próprias, compensando as dificuldades que o outro possa apresentar nesta tarefa. Essa questão atinge particularmente o recém-nascido que, mais do que em qualquer outra etapa da vida, necessita do amor e da dedicação da mãe. No entanto, a relação mãe-bebê é sustentada pelo vínculo conjugal: enquanto a mãe cumpre este papel, o pai exerce a função de ambiente protetor da díade. Sendo assim, o afastamento do pai modifica as características da relação mãe-bebê. Com a separação, a mãe pode apresentar um retraimento narcísico, desinvestindo afetivamente o bebê que passa a se sentir vazio e deprimido. Um exemplo clínico: B., uma jovem de 19 anos pertencente a uma família de classe média alta iniciou sua análise com queixas de instabilidade emocional, dificuldade de relacionamento em todas as áreas e propensão à perda da vitalidade, depressão, apatia e tédio. Ela costumava defender-se desses sintomas aumentando sua atividade, tanto física quanto intelectual e sexual. B. tinha entre 2 e 3 anos quando seus pais se separaram depois de muitas brigas, as quais, muitas vezes, incluíram agressão física. Mesmo depois da separação de corpos, os pais seguiram brigando na justiça por muitos anos. B. referiu que experimentou este acontecimento como se tivessem tirado o chão debaixo dos seus pés. O pai conseguiu provar que a mulher tinha um amante e, dessa forma, obteve a guarda da filha, impedindo o contato desta com a mãe por vários anos. B. desvalorizava a mãe, responsabilizando-a pela dissolução da família, e idealizava o pai, seus princípios morais, sua inteligência e se identificava com ele, afirmando que, quando as pessoas descobriam de quem era filha, passavam a invejá-la. Ela estudava dança, música e teatro, mantendo o desejo grandioso de um dia pisar o chão estrelado da Boadway e ser admirada por todos como forma de compensar seus sentimentos de desvalorização e de abandono. Ao mesmo tempo, ela freqüentava o curso de Serviço Social, área à qual acabou se dedicando profissionalmente e obtendo grande sucesso.

MITOS

Três mitos cercam as crianças cujos pais se separam:

1. As crianças devem ser afastadas das decisões para não sofrerem.

Conforme referi anteriormente, os pais costumam projetar nos filhos suas próprias dificuldades de enfrentar os sentimentos relacionados com a separação, principalmente a tristeza que essa decisão acarreta. Quando os pais procuram obscurecer essa realidade, passam para as crianças a idéia de que a dor provocada por este rompimento é insuportável, reforçando o anseio destas de unirem pai e mãe outra vez. Não obstante, o casal deve estar consciente de que os filhos não estão preparados para esta mudança, necessitando de esclarecimentos e de apoio. Isso não quer dizer que os filhos devam ser estimulados a opinar sobre a decisão dos pais de se separarem, mas considerados na nova e, muitas vezes, inesperada vida que terão de enfrentar. Os pais devem demonstrar responsabilidade pela situação, deixando claro que a separação é irreversível e que foi tomada em conjunto após bastante reflexão. Também devem sustentar que, embora não tenham condições de seguirem vivendo juntos, encontram-se bastante unidos para ajudar os filhos a enfrentar as mudanças provocadas pela separação. Geralmente essa atitude é suficiente para evitar o surgimento dos conflitos de lealdade, os quais impedem os filhos de manterem um relacionamento franco com os dois pais.

É muito importante que os filhos saibam que, embora não seja desejável, a separação é previsível em toda relação conjugal, não consistindo em uma demonstração de anormalidade ou mesmo fracasso dos cônjuges. Ao contrário, freqüentemente representa um gesto corajoso de um casal que se dispõem a enfrentar o sofrimento provocado pela separação e a perda tendo em vista recriar um relacionamento capaz de proporcionar felicidade a ambos. Desta forma, evidenciam que são pessoas sensíveis e sinceras que não desejam manter um casamento apenas de fachada. Essas observações abrem a porta para um esclarecimento, que os pais não podem deixar de fazer, de grande importância para o restabelecimento da autoconfiança dos filhos, abalada pela separação: que se amavam muito quando resolveram concebê-los e se sentiram muito felizes com o nascimento deles, não tendo nenhuma relação com eles o desenvolvimento desfavorável do relacionamento conjugal.

Provavelmente não seja possível evitar a tristeza mobilizada pela separação, mas manter os filhos afastados neste momento representa impor a eles algo muito pior: a solidão. A melhor maneira de mitigar a tristeza dos filhos, com freqüência acentuada na fase inicial da separação, consiste em compartilhar francamente este sentimento com os mesmos. Evidentemente, os pais que não conseguem tolerar o seu próprio sofrimento procuram ignorar a tristeza dos filhos ou persuadi-los de que não existe razão para este sentimento. Deve ficar estabelecido que, em situações de separação e perda, a tristeza é uma reação bastante adequada, tanto de crianças quanto de adultos. A tristeza não caracteriza uma doença, mas um estado afetivo que deve ser enfrentado e que, em princípio, dispensa a ajuda de profissionais. Aliás, do ponto de vista psiquiátrico, preocupam mais as crianças que se mostram indiferentes à separação dos pais do que aquelas que demonstram sofrimento com essa experiência. Este esclarecimento é necessário para que os filhos sintam-se valorizados pelos pais e menos assustados com os próprios sentimentos. Embora seja indispensável ter presente que, com o passar do tempo, a tristeza tende a se atenuar, pais e filhos devem estar preparados para conviver com esse sentimento por um período prolongado. Tratada dessa maneira, a separação assume para os filhos a condição de um evento natural da vida.

2. Os adultos sabem mais sobre o que as crianças querem do que elas mesmas.

Para alguns pais, a primeira medida que devem tomar em relação aos filhos, tão logo decidem separar-se, é encaminhá-los a um psicólogo, um psiquiatra ou um psicanalista, imaginando que, assim, irão poupá-los do sofrimento que eles mesmos têm dificuldade de enfrentar. No entanto, nenhum profissional, por mais experiente que seja, é capaz de substituir os pais neste momento. Além disso, não se pode evitar o sofrimento de uma criança que se encontra passando por esta difícil experiência. Os pais devem lançar mão dos únicos ingredientes que podem ajudar os filhos a enfrentar a realidade da separação: o amor e a verdade! Desta forma, abre-se o espaço necessário para os pais avaliarem com os filhos como eles podem sentir-se melhor nessa nova situação. Movidos pelo amor e pela verdade, os pais certamente chegarão em um ponto comum sobre as principais questões relacionadas com o bem-estar dos filhos, evitando que o problema seja resolvido por pessoas estranhas.

Freqüentemente, a separação dos pais assume a proporção de uma crueldade imposta aos filhos. Esta indesejável e desnecessária experiência não costuma ser determinada pelo reconhecimento da irreversibilidade da separação, mas pelo desconhecimento das preferências e necessidades temporárias ou permanentes dos filhos nesta nova etapa de suas vidas, as quais muitas vezes são determinadas pelos exclusivos interesses dos pais, incluindo os de ferir o ex-cônjuge.

3. As mães, por serem dotadas do "instinto materno", encontram-se mais capacitadas para cuidar da prole.

Ao longo da história, o ser humano sempre manteve o anseio de superioridade, começando por atribuir a si próprio uma origem divina. O mesmo sentimento se estabelece nos relacionamentos com os seus semelhantes como decorrência de diferenças sociais, econômicas, religiosas e ligadas ao sexo. Em nossa cultura, a desvalorização da mulher é compensada pelo mito do amor materno. Baseada em uma extensa pesquisa histórica, Elisabeth Badinter procura evidenciar que o amor materno não constitui um sentimento inerente à condição feminina, mas algo que é adquirido no convívio com a criança, podendo variar de mulher para mulher e de acordo com as condições materiais das mães e das pressões socioculturais. De fato, a concepção que temos hoje do amor materno data do início no século XIX. Nos séculos XVII e XVIII, as crianças, ao nascerem, eram normalmente entregues às amas para serem amamentadas e criadas, somente voltando ao lar depois dos 5 anos. Ao mesmo tempo que este dado histórico revela uma evolução dos cuidados com o recém-nascido, ele indica que é impossível fugir à conclusão de que, como todos os sentimentos humanos, o amor materno pode ser incerto, frágil e imperfeito. Atribuir ao amor materno uma condição inata impõe à mulher que não deseja ter filhos um sentimento de culpa muito grande, além da desvalorização no meio familiar e social.

Evidentemente, meu objetivo não é defender ou criticar a revisão histórica de Badinter, mas usá-la como ponto de partida da tese de que o mito do amor materno não atende às necessidades da criança, que necessita tanto do pai quanto da mãe para se desenvolver emocionalmente e consolidar a sua identidade. Além disso, não se justifica que essa superioridade atribuída compensatoriamente à mulher se sobreponha às evidências e, principalmente, à segurança e ao bem-estar da criança. Um grande número de crianças e adolescentes, cujos pais se separaram, relatam a seus terapeutas a enorme dificuldade que possuem para dizer à mãe que preferem morar com o pai, por perceberem que ela se sentiria profundamente desvalorizada com essa revelação. O desejável é que os pais que, tendo em vista o seu bem-estar, resolvem separar-se, também respeitem o bem-estar dos filhos, consultando-os sobre as suas preferências e examinando com eles as possibilidades reais de satisfazê-las.

O afastamento dos filhos é triste tanto para a mãe quanto para o pai, e muitas racionalizações utilizadas para enfrentar esta situação, entre as quais, a que sustenta que o amor materno é superior ao amor paterno, aumentam o sofrimento de uma criança cujo lar foi desfeito pela separação dos pais. Um exemplo é o caso de M., um menino de 11 anos, que telefonou ao pediatra solicitando que persuadisse sua mãe a deixá-lo morar com pai. Ele temia que, ao expressar o seu desejo, a mãe fosse decepcionar-se com ele e abandoná-lo. Esse medo leva muitas crianças a se submeterem ao que parece ser a ordem natural. As preferências das crianças diante da separação dos pais, em primeiro lugar, envolve uma questão humana fundamental: a segurança. Os filhos sentem-se ameaçados com a separação dos pais e, defensivamente, ambicionam permanecer com aquele que, no momento, oferece mais segurança afetiva. No entanto, na maioria das vezes, é o pai que fica mais inseguro com a separação, que se sente abandonado, que insiste em permanecer com os filhos, não necessariamente porque é melhor para estes, mas para não se sentir sozinho e, em alguns casos, procurar impor ao ex-cônjuge um sofrimento igual. Muitos pais que agem dessa forma, passado algum tempo, principalmente se conseguiram uma companhia, sentem-se sobrecarregados com os filhos e acusam o ex-cônjuge de não se ocupar com os mesmos. Como na quase totalidade dos casos, é a mulher que permanece com a prole, e são freqüentes as situações em que as mães, vingativamente, apenas solicitam a participação dos pais quando os filhos apresentam problemas físicos, emocionais e, principalmente, de conduta. Nesta linha, encontram-se as mulheres que agem de acordo com a versão de Eurípedes do mito grego de Medéia, impedindo o ex-marido de ver os filhos, como forma de puni-lo pelo abandono. No entanto, as profundas mudanças sociais observadas nos últimos anos têm alterado essa situação não só porque as esposas não se sentem tão desvalorizadas e ameaçadas quando os maridos, como no caso de Medéia, lhe trocam por outra, como também pelo fato de que, cada vez mais freqüentemente, são elas que tomam a iniciativa da separação.

Pesquisas realizadas com seriedade têm comprovado o que parece óbvio: o genitor que detém a guarda tem influência direta na adaptação da criança. No entanto, além da segurança emocional, também deve ser considerado o aspecto da identificação com o pai do mesmo sexo. Dois anos após a separação, as meninas que permanecem com as mães podem estar tão bem quanto as de lares que não foram desfeitos. O mesmo não se observa com os meninos que permanecem com as mães, os quais, em uma proporção superior às meninas, podem encontrar-se com mais dificuldades do que a média dos seus companheiros cujos pais não se separaram. Além disso, as crianças que, após a separação dos pais, ficam morando com o genitor do mesmo sexo costumam apresentar maior maturidade, mais independência e um comportamento menos exigente do que as crianças que se encontram na guarda do genitor do sexo oposto.

COMENTÁRIOS

Quando os pais decidem pela separação após pensar bem e considerar cuidadosamente as alternativas; quando previram as conseqüências psicológicas, sociais e econômicas para todos os envolvidos; quando acertaram manter um bom relacionamento entre pais e filhos, o mais provável é que as crianças não venham a sofrer interferência no desenvolvimento ou desgaste psicológico duradouro de grande monta. No entanto, se a separação for realizada de modo a humilhar ou enraivecer um dos cônjuges, se o ressentimento e a infelicidade dominarem o relacionamento depois da separação, ou se as crianças forem desamparadas e mal-informadas, se forem usadas como aliadas, alvo de disputa ou vistas como extensões dos adultos, se o relacionamento da criança com um ou ambos os pais for empobrecido ou perturbado e se ela se sentir rejeitada, o desfecho mais provável será a interferência no desenvolvimento e o desgaste psicológico duradouro, eventualmente de grande monta.

Com isso, estou procurando enfatizar que, em relação ao sofrimento dos filhos, o problema principal não é a separação dos pais, mas como eles processam este evento que, como possibilidade, é inevitável no decurso do relacionamento conjugal. A indissolubilidade do casamento não se baseia na natureza humana e se impõe como uma exigência que ultrapassa a realidade da vida conjugal. Desde a Idade Média, quando o casamento foi integrado aos sacramentos da Igreja Católica, ele se encontra ligado à idéia de que as pessoas se juntam pela vontade de Deus, e não pelas razões que acabam determinando a separação, basicamente o amor e o desejo sexual. No entanto, no fundo, a referência da indissolubilidade do casamento, assim como a referência religiosa, é o anseio onipotente de eternidade que o ser humano carrega desde quando se tem conhecimento de sua existência. Na verdade, temos uma grande dificuldade de aceitar a transitoriedade da vida e de tudo que a cerca, incluindo o casamento. Contudo, querendo ou não, não podemos evitar a realidade de que, seja como indivíduos seja como espécie, pisaremos o solo deste planeta por um tempo limitado.

Por último, gostaria de colocar uma pergunta que me fizeram recentemente: "Haverá diferença significativa na estruturação da personalidade e nos sentimentos do indivíduo se, durante a infância, ele conviveu com um pai e uma mãe carinhosos na mesma casa ou em casas separadas?". Respondi com outra pergunta que procura saber se o mais importante é a quantidade ou a qualidade do relacionamento dos pais com os filhos, porque me inclino a pensar que, embora a separação restrinja o convívio entre pais e filhos, o mais importante para o desenvolvimento emocional de uma criança é que ela tenha bons pais, não importando que eles sejam casados, separados ou mesmo solteiros. Enquanto o casal estiver junto e vivendo harmoniosamente, ele funcionará como modelo de identificação e como fonte de inspiração para os filhos, experiência que continua nos novos relacionamentos dos pais quando ocorre de eles virem a se separar. Além disso, temos de ter presente que uma criança, ao nascer, não sabe se os pais moram ou devem morar juntos ou em casas separadas, assim como, por uma força inata, sabe que é um homem e deve se tornar masculino ou que é uma mulher e deve se tornar feminina. São os pais que ensinam isso a ela e podem igualmente ensinar uma outra coisa. No último caso, a atitude dos pais interferirá diretamente na consolidação da identidade de gênero da criança, que tem a ver com a masculinidade ou a feminilidade do indivíduo. Da mesma forma, também é a atitude dos pais, muito mais do que o fato de morarem juntos em uma casa ou em casas separadas, que interferirá na estruturação da personalidade e nos sentimentos dos filhos.

10

O mundo sem pais

A PATERNIDADE NA PÓS-MODERNIDADE

Recentemente, participei de um simpósio que teve como objetivo discutir um dos problemas centrais da psicanálise clínica atual que consiste na notável freqüência dos transtornos de identidade e sua contrapartida externa que são as relações falseadas com a realidade. No bojo desta psicopatologia, encontramos, freqüentemente, um enfraquecimento da figura paterna ou, mais precisamente, o que podemos definir como *privação paterna*, representada pela ausência, debilidade ou inadequação das funções do pai no desenvolvimento emocional da criança.

Uma conseqüência direta da privação paterna é a orientação antiedípica, principalmente a falta de limites, observada em nossa sociedade, responsável pela falência dos processos de educação e o apagamento das diferenças de sexo e gerações. A característica da orientação antiedípica é o incremento do narcisismo baseado na primitiva relação simbiótica mãe-bebê. Na prática, observa-se o que pode ser chamado de *inversão de ideais*, que consiste no seguinte: em vez de o filho idealizar o pai, este é que vai idealizar o filho, representando um ponto de virada na cultura ocidental. Essa mudança configura uma das representações da pós-modernidade, expressa pelos sentimentos de vazio e irrealidade, ausência de valores, pensamento dirigido para o consumo e fragmentação do processo de informação que decorre do bombardeio maciço e aleatório de informações parceladas, que nunca formam um todo. A vida tornou-se um *show* constante de estímulos desconexos em que os destaques são o *design*, a moda e a publicidade, que procuram erotizar o dia-a-dia com desejos e fantasias de posse. Principalmente os jovens encontram-se controlados pela mídia, presos às *griffes*, à tecnologia e escravizados pelo consumismo: um monstro de insaciável voracidade que devora imediatamente tudo que é criado pelo homem, impedindo sua fruição e transformando o novo imediatamente em coisa do passado, superado, sem valor e logo esquecido.

Além disso, a pós-modernidade encontra-se marcada pelo neo-individualismo, caracterizado pela ausência de projetos, tendo como objetivo principal cultuar a auto-imagem e buscar satisfações imediatas. A participação do jovem na sociedade se orienta para objetivos pragmáticos, contidos em pequenos espaços do cotidiano: *hobbies*, esportes, direitos do consumidor, androgenia, macrobiótica, vegetarianismo, redução da carga horária de trabalho e aumento do lazer. As manifestações são frouxas e brandas, sem o estilo militante de antigamente, com metas a curtíssimo prazo e sem um envolvimento maior com as questões sociais. A paixão pela verdade, que consistia em uma marca registrada da juventude em sua tentativa de consolidar uma identidade, transformou-se na paixão pelos emblemas do consumismo, que ocupam o lugar das idéias. Os produtos são vendidos pela propaganda com uma idéia: não é necessário pensar nem falar, o produto fala por si. O templo deste jovem não é mais sua casa, mas o *shopping center* feérico de luzes e cores. Tudo se tornou muito impessoal, inclusive os relacionamentos afetivos.

Ao mesmo tempo, não se observa mais a revolta do adolescente, pois ele não tem mais em casa um pai para competir e desafiar. Os vínculos entre pais e filhos foram fraternizados, inviabilizando o necessário confronto de gerações, no qual se processam os lutos e as reordenações identificatórias que configuram a dinâmica evolutiva da vida emocional. No lugar da necessária rivalidade edípica, característica do processo adolescente, se estabelece entre pais e filhos uma luta narcisista e também, como denomina Cancyper, "pigmaliônica", imperando na primeira as fantasias de imortalidade e perfeição projetadas nos filhos, e, na segunda, as fantasias de fabricação e moldagem dos filhos à imagem e semelhança dos pais, com o objetivo de negar a passagem do tempo, o envelhecimento e a morte.

O enfraquecimento, portanto, a desvalorização da figura paterna, implica o apagamento do passado, da ordem e da lei, em suma, do pólo estruturante do desenvolvimento que estabelece com o pólo materno das emoções o arcabouço da personalidade. Sem um pai valorizado por sua potência e aceitação das diferenças, o jovem não dispõe de matéria prima para criar seus ideais. Em outras palavras: não havendo passado, também não existe futuro. É justamente esta perda de ideais e expectativas no futuro que confere uma importância muito grande no mundo atual ao estudo da privação paterna, considerando que na ausência de um pai presente e ativo, dentro de suas específicas funções, é difícil que um indivíduo possa sentir-se independente, autêntico e valorizado em sua condição de homem ou mulher e que consiga estabelecer relações interpessoais satisfatórias com o sexo oposto.

AS TRÊS FUNÇÕES PATERNAS

A *primeira função paterna* é a de criar uma cobertura protetora durante o período em que a mulher está gestando, parindo e amamentando o filho, poupando-a da exigência de se voltar para as exigências externas no momento em que tanto deseja e necessita concentrar os interesses em sua relação com o bebê. A fim de cumprir adequadamente essa tarefa, o pai precisa ter capacidade para tolerar os sentimentos de exclusão que essa experiência acarreta, tendo em vista que ele não participa diretamente desta relação.

A *segunda função paterna* encontra-se representada pelos esforços no sentido de ajudar o filho a se separar da mãe, evitando que a relação exclusiva, narcisista e indiferenciada que se estabelece entre ambos após o nascimento, regida pelo princípio do prazer, se prolongue demasiadamente. Esta medida, que introduz o terceiro e, conseqüentemente, o princípio de realidade no relacionamento mãe-bebê, é indispensável para que a criança, progressivamente, se diferencie da mãe. Esta diferenciação representa o nascimento psicológico da criança, o qual vai possibilitar o seu ingresso na etapa edípica do desenvolvimento, base dos relacionamentos amorosos da vida adulta.

A *terceira função paterna* consiste em ajudar a criança a observar as diferenças intergeracionais e as diferenças existentes entre as figuras parentais, oferecendo-se como modelo de identificação masculina para o filho e exemplo de companheiro para a filha. Dessa forma, o pai contribui para que os filhos venham a consolidar uma identidade sexual bem-definida. No entanto, para que o pai desempenhe adequadamente essa função, é necessário que possa contar com uma mulher que aceite suas características femininas, valorize as características masculinas do marido e facilite a aproximação deste com os filhos, não significando essa atitude uma renúncia de sua identidade e de seu papel de mãe. Além de perceber claramente as diferenças das funções maternas e paternas, assim como o caráter complementar de ambas, é indispensável que os filhos sintam que os pais se encontram unidos por vínculos afetivos e sexuais para que possam introjetar uma experiência que sirva de inspiração para os seus relacionamentos com o sexo oposto no futuro.

DIFERENÇAS DE SEXO

O reconhecimento da diferença de gerações encontra-se no cerne do processo de desenvolvimento da personalidade, assim como da diferença entre os sexos na definição da identidade. Como salientei acima, os papéis materno e paterno são específicos e complementares e se encontram relacionados ao sexo. Sendo assim, a mulher, pelo seu erotismo vaginal e sua inclinação inata para cuidar e alimentar, é mais receptiva, prestando-se de continente das angústias, das depressões e das desesperanças dos filhos e proporcionando aos mesmos uma idéia de estabilidade e coesão ao mitigar e corrigir esses sentimentos. Como ela assume mais marcadamente o encargo da cessação da tensão, da dor e do desprazer, torna-se representante do princípio do prazer. As próprias brincadeiras das mães com seus filhos são de afago e aproximação.

Em contrapartida, o homem, por seu erotismo vinculado ao pênis e sua maior força e atividade muscular, é mais expulsivo, transmitindo aos filhos uma idéia de ação e de separação. Ao mesmo tempo, mais facilmente passa aos filhos a impressão de que as angústias e o sofrimento físico são de alguma forma suportáveis. Como assume mais marcadamente o encargo da postergação e do condicionamento do prazer, torna-se representante do princípio de realidade. As próprias brincadeiras dos pais com seus filhos impõem separação, espera, paciência e alguma dose de frustração.

PAI OU AMIGO?

Recentemente, fui solicitado a examinar F., um adolescente de 16 anos que se encontrava bastante desorientado e sem ânimo para estudar ou divertir-se, comportando-se como "um barco à deriva". Reservadamente, o pai informou não entender as razões do seu estado, tendo em vista ter sempre se comportado como um verdadeiro amigo do filho, revelando a ele até mesmo seus relacionamentos extraconjugais. Esta informação foi suficiente para levantar a hipótese, posteriormente confirmada, de que os sintomas de F. decorriam da falta de uma figura paterna com o qual pudesse competir e que lhe servisse de modelo de identificação.

Muitos indivíduos abrem mão das funções paternas porque imaginam que serão mais importantes agindo como amigos, sem se darem conta de que essa atitude estabelece a orfandade dos filhos. É lamentável que alguns desses indivíduos poderiam ser excelentes pais se não desvalorizassem suas capacidades inatas e adquiridas em seu relacionamento com o próprio pai. Ao longo de duas entrevistas com o pai de F., foi possível constatar que ele possuía, internalizado em sua mente, um pai muito exigente, moralista e autoritário, contra o qual se rebelava mantendo com o filho uma conduta reativa, isto é, sem exigências, totalmente aberta e de igual para igual, como se fossem dois amigos.

Evidentemente, as amizades representam uma riqueza inestimável e, em situações especiais, podem até desempenhar, compensatoriamente, uma função paterna. No entanto, opostamente, quando o pai é que se transforma em amigo do filho e se esforça para sustentar esta condição, além de privá-lo de um modelo indispensável para a consolidação de sua identidade, ele não o estimula a encontrar fora de casa companheiros da mesma idade que, ao partilharem interesses comuns, ajudem-no a enfrentar as frustrações relacionadas com a diferença de gerações, que geram nos filhos sentimentos invejosos em relação aos pais, principalmente por sua potência, independência e capacidade de acasalamento.

Contudo, são esses sentimentos que estabelecem uma orientação na vida do jovem e criam as bases de um projeto de desenvolvimento: vir a *ser* no futuro um homem como o seu pai. E carecia em sua vida deste farol que quando escurece nos indica o caminho a seguir e, por essa razão, parecia "um barco à deriva". No caso da menina, o projeto seria vir a *ter* no futuro um homem como o seu pai. No entanto, para que isso ocorra, é necessário que a menina, ajudada pela atitude paterna, aceite a realidade de que não poderá ter o pai para ela como marido.

PAIS METIDOS A JOVENS

E. tem 19, e o pai, 45 anos. Ambos são sócios em uma jaqueta de couro adquirida pelo último no Planet Hollywood, de New York, e doada ao filho com a condição de também poder usá-la quando quisesse. Seguidamente E. encontra o pai, um advogado bem-sucedido, em uma choperia da moda com amigos de sua idade e mulheres bem mais jovens. Quando isso ocorre, E. fica sem graça, não se anima a paquerar as garotas e vai embora. O pai de E. faz parte do grupo de *pais que negam as diferenças*, os quais, ao se identificarem com os filhos em vez de os filhos se identificarem com eles, portanto, invertendo a ordem natural, acabam por manter uma atitude que se mostra inadequada tanto para a sua idade quanto ao que diz respeito às funções paternas. O pai de E. reproduz um modelo de pai muito comum nos dias atuais, podendo ser encontrado nos bares e restaurantes badalados, nos parques e nas academias de ginástica e musculação. Embora marcantes, social e profissionalmente, podem representar uma figura paterna muito apagada já que eles se parecem muito com os filhos.

Uma racionalização freqüente para justificar a conduta que procura nivelar a relação pai-filho é dizer que, participando de suas atividades em condições de igualdade, o pai pode obter um contato mais próximo com o filho. No entanto, a figura paterna emerge do *confronto linear* (vertical), e não do *confronto fraterno* (horizontal), que se estabelece quando se apaga a diferença de gerações, como na relação entre E. e seu pai. Esta confrontação é tipicamente narcisista, portanto, indiferenciada e idealizada, enquanto a intergeracional é edípica, ou seja, que vai em busca do caminho de acesso a uma relação terna e sensual intrageracional com o objeto heterossexual não incestuoso. O filho, portanto, será como seu pai, mas não terá o que é dele. Através do confronto é que se chega, verdadeiramente, à vida adulta ou genital. O apagamento das diferenças retém o indivíduo no mundo da completude ilusória da pré-genitalidade. A diferença é como uma mensagem, mas os pais da pós-modernidade encontram-se destituídos de mensagens para transmitirem aos filhos e procuram imitá-los, tornarem-se parecidos com eles: são pais espelhados nos filhos, como se desejassem reprisar a façanha do personagem de Oscar Wilde. A modalidade de pensamento e de agir dos pais metidos a jovem está favorecida na atualidade pela ideologia imperante do individualismo pós-moderno, que entroniza o culto do corpo-imagem e o permanente entusiasmo de uma juventude eterna.

O HERDEIRO

"Não sei o que quero, mas o quero agora", diz uma canção atual. Esta frase se encontra atrás da conduta de um grande número de jovens ricos que, praticamente, podem ter tudo e podem estar em todas as partes. Eles estão sempre viajando e compram carros cujo valor supera os ganhos de um ano de trabalho de um PhD com pesquisas e trabalhos publicados em revistas científicas. Nunca trabalharam, são os pais que dão tudo a eles. São os herdeiros, a geração dos "júnior", que têm tudo e podem tudo, mas que não têm um nome, uma identidade própria.

A identidade dos jovens que formam este grupo é a do pai, eles são o filho do fulano. Eles não são importantes, os pais são importantes. Nada do que vierem a ter será valorizado porque lhes foi dado, e não conquistado. Esses jovens podem ter tudo que o mundo pode oferecer, mas não têm dentro deles um modelo em que se inspirar, com que se confrontar, com que se identificar, para desejar vir a ser. Eles podem estar em todas as partes do mundo, mas não têm um lugar que sintam como deles, não têm planos e, muitas vezes, não têm uma boa razão para viver. Tudo o que têm está fora, dentro deles não encontram nenhuma frase, nenhuma mensagem, nenhum desafio paterno que os estimule a crescer.

Eu ouvi o pastor de uma pequena cidade dizer aos fiéis: "Não se preocupe em dar um carro ao seu filho, fale com ele sobre a sensação de liberdade que consiste em se movimentar com as suas próprias pernas; não se preocupe em dar uma casa pronta ao seu filho, fale com ele sobre o prazer de construir com as próprias mãos um ninho para amar e procriar; não se preocupe em dar um trabalho para o seu filho, fale com ele sobre o sentimento de realização que se desfruta quando se trilha o próprio caminho". Sem dúvida, este homem, que não era um mero pregador, mas um verdadeiro pai, tinha muito claro que a função paterna não se encontra representada no mundo das coisas, mas no mundo das palavras, das mensagens e também do fazer, porém o pai só deve falar o que faz.

Os pais que dão tudo aos filhos, carro, viagens e dinheiro para gastar, na verdade os aprisionam aos seus desejos, transformam-nos em personagens de seus sonhos, por isso se ofendem quando os seus presentes são recusados. Um pai disse à sua filha que ia se casar que lhe daria um apartamento apenas se fosse em um determinado bairro, o mais luxuoso da cidade, embora ela preferisse morar em outra área da cidade, onde um imóvel com a mesma área poderia ser adquirido pela metade do preço. A um outro pai causou um profundo ressentimento a recusa de uma viagem para a Europa com tudo pago que oferecera ao filho e à nora que haviam completado dois anos de casados. Ele custou a se dar conta de que estava procurando realizar um desejo que era seu, e não do filho. Mais difícil foi ainda perceber sua competição com o filho, que ao aceitar o presente estaria levando a mulher a valorizar a potência do sogro, e não a dele.

FAMÍLIAS CHEFIADAS POR MULHERES

De acordo com os levantamentos estatísticos, observa-se um crescimento acelerado do número de famílias chefiadas por mulheres, atingindo em nosso país o percentual de 28%, consideradas todas as classes sociais. Nos Estados Unidos, em algumas cidades, chega a ultrapassar os 40%. Como resultado, as mulheres passaram a se ocupar com uma série de tarefas que antes eram desempenhadas pelo homem. A causa principal desta mudança é a elevação do número de separações nos últimos anos, que ocorrem por iniciativa tanto do homem quanto da mulher, que não aceita mais permanecer em um casamento que não deu certo, como fazia antigamente para evitar a discriminação social. No entanto, elas têm quatro vezes menos chances de se casar novamente do que os seus ex-maridos, passando, em um elevado número de casos, a chefiar a casa e a cuidar dos filhos sozinhas.

Contudo, por mais que a mulher se empenhe para atender as necessidades dos filhos, o afastamento do pai produzirá neles um sentimento de tristeza muito grande, podendo tornarem-se mais tarde indivíduos deprimidos. Como enfatizei no capítulo anterior, é um equívoco vincular o sofrimento dos filhos à separação dos pais, tendo em vista que, na maioria das vezes, ele se encontra relacionado ao ambiente de hostilidade que costuma se estabelecer neste momento e, principalmente, ao abandono a que são submetidos pelo pai, pela mãe ou por ambos. A dificuldade de lidar com uma situação de separação, preservando e ajudando os filhos a elaborarem esta mudança de vida com o máximo de segurança possível, representa uma incapacidade dos pais de exercerem adequadamente suas funções paternas e maternas diante de uma vicissitude previsível do relacionamento conjugal. Felizmente, estudos realizados mais recentemente têm mostrado que os pais têm procurado dividir com a ex-esposa os cuidados com os filhos, correspondendo a uma maior participação dos homens de maneira geral nas tarefas domésticas, mesmo que, para isso, necessitem abrir mão de outros interesses, incluindo o profissional. Essa mudança reflete a crescente igualdade entre homens e mulheres na nossa sociedade.

COMENTÁRIOS

De acordo com Lipovetsky, nos encontramos na terceira fase da história da moral, a qual ele chama de "pós-moralista", caracterizada por romper e, ao mesmo tempo, complementar o processo de secularização mobilizado no final do século XVII e no século XVIII. Uma sociedade, diz o filósofo, que exalta mais os desejos, o ego, a felicidade e o bem-estar individual do que o ideal da abnegação. Foram-se as grandes ideologias que serviam de referência e confeririam segurança. As mudanças ocorrem em grande velocidade, nada é mais estável, muito menos permanente. Não há tempo para pensar, para aderir, para se filiar. Mesmo não tendo segurança, é preciso agir. O importante, hoje, é ser "rápido no gatilho", "ter bala na agulha" não criar caso, nem contestar para não perder tempo.

A família é uma instituição fortemente influenciada por este contexto sociocultural que exige mudanças em uma velocidade que supera em muito suas capacidades de adaptação. Esta mesma aceleração é imposta aos indivíduos, que são levados a anteciparem as passagens da infância para a adolescência e da adolescência para a vida adulta mediante desidealizações precoces das figuras parentais, determinando em muitos casos a desestruturação da personalidade como resultado de identificações pobres ou inadequadas ao longo do desenvolvimento emocional.

A conseqüência dessa situação são pais destituídos de uma identidade que lhe possibilite exercer com segurança as definidas funções paternas e que, para adquirir esta capacidade, teriam de resolver previamente seus conflitos infantis e adolescentes. Esses pais imaturos da pós-modernidade apresentam a tendência a permanecer em uma relação simétrica com os filhos, mobilizando rivalidades, invejas e ciúmes próprios dos vínculos fraternos. Em vez de os filhos se identificarem com os pais, são estes que se identificam com os filhos, tornando-se *pais intrusivos*, quando resolvem que em casa todas as portas devem estar abertas para poderem espiar a vida dos filhos, ou tornando-se *pais indiferentes*, quando resolvem fazer a sua própria vida e os filhos que se lixem.

Os pais podem estar juntos, conviver com os filhos diuturnamente, mas se eles não se encontram bem identificados com as suas específicas atribuições, os filhos se sentem desestimados, ou seja, emocionalmente abandonados. Esse sentimento costuma ser observado em filhos de um modelo de homem comum na sociedade atual, conforme os psicanalistas têm constatado em seus consultórios. Esses indivíduos apresentam importantes características em comum, destacando-se uma pobreza de subjetividade. Como conseqüência, suas vidas carecem de qualidade, são apenas quantidades. Eles têm sido diagnosticados como tendo personalidades narcisistas. Descrevo um caso típico: G., 43 anos, um homem vivaz e inteligente, ágil e bem-sucedido em negociações, tanto no país quanto no exterior, dominando quatro idiomas, encontrava-se no segundo relacionamento conjugal quando me procurou, chamando a atenção pela sua excelente condição física e pela elegância no vestir. Mal começara a sua primeira entrevista comigo quando tocou o seu celular e ele, plenamente à vontade, permaneceu cerca de cinco minutos se comunicando com a pessoa que lhe chamara. Depois continuou a conversa comigo como se nada tivesse ocorrido, tecendo comentários e me perguntando sobre o prédio em que encontra meu consultório, na época recém-construído, destacando que gostava de freqüentar lugares bonitos e confortáveis. Na seqüência, discorreu sobre os esportes que praticava, suas múltiplas ocupações, suas viagens e seus relacionamentos com mulheres. Diferentemente dos pacientes clássicos, ele não me relatou nenhuma dificuldade ou sofrimento, apenas sucessos, capacidades e ganhos financeiros. Conseqüentemente, não consegui definir claramente neste primeiro encontro a razão de G. ter me procurado, e por algum tempo após a entrevista me senti atordoado e incapacitado para pensar. Somente à noite, quando cheguei em casa é que consegui meditar sobre aquela experiência, percebendo que, na verdade, G. nem havia tomado conhecimento da minha existência durante a entrevista ou se interessado previamente pela minha pessoa, colocando-me na posição de expectador passivo do que poderia se chamar de uma *performance*. A indicação de meu nome havia sido feita pela psicóloga de sua empresa, com a qual tinha conversado sobre a sua relação com a mulher, mas nenhuma pergunta havia feito a meu respeito, limitando-se a pedir para a sua secretária que procurasse marcar uma consulta comigo. No segundo encontro, G. me falou de uma gastrite crônica, de tonturas e de uso abusivo de bebidas alcoólicas. Estava convivendo mais amiúde com uma mulher que conhecera recentemente e essa situação estava interferindo em sua vida conjugal. Procurei me informar sobre os dois filhos, com 9 e 11 anos, que havia tido com a primeira mulher, e pude constatar que mantinha com eles um relacionamento frio e distante, como se a única pessoa importante para ele fosse ele mesmo. Diante disso, não me surpreendi com o fato de essas crianças se encontrarem bastante deprimidas, conforme depreendi pelo relato de G. Esta nova patologia que G. representa tão bem, tão cheia de exterioridade e tão vazia de interioridade, tem sido considerada por muitos como um produto da pós-modernidade, embora alguns postulem que também é possível que este paciente sempre tenha existido, mas que somente agora começa a ser "escutado" pelos psicanalistas. É difícil decidir, mas seja como for, o certo é que pacientes como G. exigem uma compreensão diferenciada e uma técnica de tratamento adaptada às suas características.

11
A busca da perfeição corporal

INTRODUÇÃO

Em 1984, assisti em Paris ao balé *"Messe pour les temps futur"*. Uma experiência inesquecível. O espetáculo tinha como diretor Maurice Béjart, como primeiro bailarino Jorge Donn e, como se não bastasse, baseava-se em um texto de Dom Helder Câmara, intitulado *"Robot, avec qui danceras-tu?"*. Há 20 anos atrás, a peça já procurava mostrar a perda progressiva dos sentimentos observada na sociedade contemporânea, transformando os seres humanos em máquinas. A coreografia da robotização da humanidade, magistralmente desempenhada por Donn, causou um grande impacto na platéia.

Em *"Messe pour les temps futur"*, Béjart procurou encenar uma crítica muito contundente aos (des)caminhos da modernidade, caracterizada pelo individualismo, pelo cientificismo e pelo mercado, cujo exagero levou ao que se consagrou com o nome de pós-modernidade, passando a mídia e a publicidade a ocuparem o espaço da Igreja e do Estado. Um mundo superlativo que Lasch, com muita razão, chamou de *a cultura do narcisismo* e Debord de *a sociedade do espetáculo*. Quem sabe também pudesse ser considerada como "os anos dourados da cirurgia plástica", não só pelo número de procedimentos, mas também pelo extraordinário avanço da técnica. Relacionado com este tema, eu penso que a relação com corpo representa uma das questões fundamentais da sociedade contemporânea.

O SER E O SENTIR

A relação do indivíduo com o corpo segue duas vertentes. A primeira diz respeito à relação do indivíduo com o interior do corpo, com o erotismo e com o desejo. A segunda nos coloca na senda do social, da relação do indivíduo com o exterior ao corpo, com a realidade. Estou procurando enfatizar a existência de um corpo como sede do nosso erotismo, do prazer, portanto, do SENTIR (a primeira vertente) e, também, como sede da nossa identidade, ou seja, do SER, correspondendo à segunda vertente, que tem a ver com a relação do indivíduo com o exterior ao corpo, na qual se forja a identidade. Pensando assim, é fácil concluir que todas as modificações do corpo, entre elas, as evolutivas, relacionadas com o ciclo vital, como a adolescência e o envelhecimento, as provocadas por enfermidades, as acidentais e até mesmo as estéticas, interferem em nosso SER e em nosso SENTIR.

Vou iniciar abordando a questão do SER, ou seja, do sentimento de identidade, a sensação de que existimos, de que somos nós mesmos – o que constatamos em nossas relações com os outros e mediante o reconhecimento dos outros. A construção desse sentimento resulta de múltiplas identificações físicas e emocionais, principalmente aquelas que estabelecemos na infância, em particular com os pais e com as outras pessoas que os substituem ou representam. Não é sem sentido a nossa tendência a atribuir à criança uma semelhança com o pai ou com a mãe, não raro logo após o parto, antes mesmo de ela abrir os olhos pela primeira vez. Nessa linha, às vezes dizemos que a cara, quer dizer, o físico, é da mãe, mas o jeito, entenda-se, o emocional, é do pai, ou vice-versa, indicando o nosso empenho de dotar o recém-nascido de características identificatórias. Com isso, desde o início, estamos procurando ajudar o indivíduo a cunhar uma identidade, para que ele se torne um SER, em outras palavras, adquira um sentimento de existência.

Mas não são apenas as identificações com os pais e com as pessoas que nos são próximas que formam a nossa identidade. Também fazem parte dela nossas identificações com o ambiente em que nos criamos, nossas características familiares e raciais que, juntas, dizem quem somos e de onde viemos. Portanto, o sentimento de identidade resulta de trocas humanas significativas, razão pela qual assisto com espanto à onda de cirurgias plásticas realizadas na China, visando a dotar as mulheres daquela nação de características ocidentais. Este fenômeno, observado em um país marcado por uma cultura milenar e conservadora, revela a força da propaganda no mundo contemporâneo que, ao lado de uma comunicação fragmentada, configura o que de mais representativo observamos na pós-modernidade: o exibicionismo e o autocentrismo, desinvestindo as trocas humanas que reforçam o sentimento de identidade. Correspondendo a uma excentricidade da pós-modernidade, constatamos uma conjunção deste individualismo exagerado com a valorização da exterioridade, tema que nos permite ingressar na questão do SENTIR, a outra sede que habita o nosso corpo.

NOVAS FORMAS DE SUBJETIVAÇÃO

Acentuou Birman que a característica da subjetividade na sociedade atual é a impossibilidade de poder admirar o outro em sua diferença e singularidade, já que o indivíduo não consegue se descentrar de si mesmo. Segundo suas palavras, referido sempre a seu próprio umbigo e sem poder enxergar um palmo além do próprio nariz, o sujeito da cultura do narcisismo encara o outro apenas como um objeto para o seu usufruto. Acrescentando que, na verdade, o outro lhe serve apenas como instrumento para o incremento da auto-imagem, podendo ser eliminado quando não mais servir para esse fim.

Palavras duras, reconheço, mas não parecem contrariar a realidade, se levarmos em consideração que a característica do narcisismo é justamente desinvestir afetivamente o outro para investir o próprio corpo, que se torna, então, o objeto de amor do indivíduo. Nessa dimensão, o outro só nos serve para nos admirar. Portanto, vivemos um momento em que o corpo, segundo os padrões rigorosamente estabelecidos pela mídia, adquiriu um valor tão elevado que não somente o outro perdeu o seu valor, mas o próprio indivíduo também, configurando um corpo sem alma. De certa forma, na sociedade atual, o corpo modelado, siliconado, turbinado, sarado, enfim, idealizado já não mais pertence ao indivíduo; é algo apenas para ser visto e admirado tanto pelos outros como por ele mesmo. Trata-se de um entre vários paradoxos da pós-modernidade: o corpo se tornou um valor, é verdade, mas apenas esteticamente, pois deixando de representar a sede do SER e do SENTIR, ele deixou de ser a fonte de desejo para se tornar a fonte de Narciso. Ao mesmo tempo, assumindo a feição de uma escultura apenas para ser vista e admirada, o corpo já não mais faz parte do SER que representava e, tendo também se coisificado, já nada mais sente, podendo ser cortado e costurado à vontade. O importante é o resultado: a ambicionada e valorizada perfeição corporal!

Mas é interessante registrar que, nesse processo, a pessoa do cirurgião plástico, ao mesmo tempo em que é muito reverenciada, também perdeu o valor. Atualmente, serve qualquer um, não tem mais nome: pode ser aquele que apareceu na TV exibindo as maravilhosas transformações que é capaz de fazer, aquele que deixou a colega de trabalho "poderosa" ou aquele que pode ser pago em 10 parcelas, sem juros ou pelo consórcio em 36 meses, como verificamos nas revistas de estética. Felizmente, em muitos meios a situação ainda não chegou a este ponto, permitindo que a relação pessoal médico-paciente seja mantida. No entanto, é neste contexto do narcisismo e do espetáculo que o cirurgião plástico contemporâneo é levado a desenvolver o seu trabalho, quem sabe, em muitos casos, ajudando as pessoas a se sentirem participantes deste mundo em que, contrariando o antigo dito popular, a beleza põe a mesa e deixou de ser uma expressão poética para se tornar algo verdadeiramente fundamental.

ANÔNIMOS COM CARA DE FAMOSOS

Provavelmente, nada é mais chamativo na sociedade contemporânea do que a busca incessante de beleza através de exercícios físicos, da alimentação, da cosmética (uma das indústrias que mais geram rendimentos no mundo), da cirurgia plástica e de outros procedimentos estéticos. Trata-se de uma situação diretamente relacionada com a educação, pois, na atualidade, esses cuidados com o corpo começam muito cedo, representando uma importante área de ajuda aos filhos. Não obstante, é também nesta área que assistimos aos pais cumprindo mais desastrosamente sua missão. Não fosse isso, não floresceriam centros de ginástica para crianças, onde elas despendem uma parte do seu tempo "malhando" com a orientação de um *"personal children"*, tudo muito parecido com os seus papais e os outros adultos com os quais cruzam nos corredores de academias da moda, convencidas de estarem fazendo a coisa mais natural da vida, como comer e brincar. Se já não estavam havendo diferenças no vestir entre adultos e crianças, agora elas começam a esvaecer nos interesses, tudo em nome da juventude e de um corpo em boa forma, muito além do SER e do SENTIR.

A rapidez e a precicidade são algumas das características mais marcantes da pós-modernidade, levando tudo a ser assumido e incorporado sem muita reflexão. A mídia utiliza-se de profissionais de sociologia, de psicologia e de outras áreas, além de *marketing* e propaganda, com o objetivo de descobrir como sugestionar o público a consumir um determinado produto, interessar-se por um certo assunto e impregnar-se da idéia de como deve vestir-se ou comportar-se. Conseqüentemente, o alvo principal são as crianças e os adolescentes, o segmento mais vulnerável da população a essa pressão violenta da sociedade de consumo. O resultado é que o consumismo se tornou o maior obstáculo para impor limites aos filhos. Os pais temem que, ao privá-los de algo que os amigos possuem, venham a lhes provocar uma quebra da auto-estima. Quando sabemos que empresas, através de seus marqueteiros, procuram identificar crianças e adolescentes considerados formadores de opinião e os contratam para usar seus produtos, planejar viagens de férias em grupo etc., tornando-se difícil aos pais dizerem não aos filhos.

PEQUENOS DEFEITOS

Não chega a constituir um exagero dizer que, no mundo atual, o corpo, como uma peça de vestuário, é mais uma mercadoria que podemos escolher em livros e revistas com diversos modelos de narizes, seios ou nádegas, bastando marcar o dia do procedimento para nos tornarmos um clone de Britney Spears, Brad Pitt, Sharon Stone, Cameron Diaz ou Jennifer Lopez, como mostra um dos programas de televisão mais vistos nos Estados Unidos por telespectadores de 18 a 34 anos. São verdadeiros "anônimos com cara de famosos", como os chamou uma revista de grande circulação. Nesta busca incessante de perfeição, até plástica das cordas vocais começaram a ser feitas para que a voz rejuvenesça ou se torne mais sensual.

Com tudo isso, é provável que, em pouco tempo, o corpo passe a representar o principal sonho de consumo não só dos adultos, mas também dos jovens, criando-se mais uma dificuldade para os pais imporem limites, principalmente diante do argumento de que "todos os amigos já ganharam um corpo último modelo". A rigor, já nos encontramos neste caminho como revelam as salas de recuperação de clínicas de cirurgia plástica, com vários leitos ocupados por adolescentes que, com a autorização dos pais, submetem-se a um procedimento cirúrgico sob anestesia para corrigir "pequenos defeitos". Pequenos defeitos? E pensar que a cirurgia plástica, nos primórdios, era para corrigir "grandes defeitos"...

Embora caiba aos pais ajudarem os filhos a não se submeterem ao consumismo transformando o próprio corpo em um objeto esteticamente bonito, mas sem vida, destituído de suas funções primordiais de sediar o SER e o SENTIR, o que estamos observando é justamente o contrário. É o que constatamos em um caso, no qual a mãe ofereceu de presente à filha de 16 anos uma cirurgia plástica para tirá-la da tristeza em que se encontrava devido ao rompimento com o namorado. Outra mãe, cuja filha havia completado 17 anos, apoiou sua decisão de aumentar os seios, os quais considerava desproporcionais para a sua altura. "Não tem porque a minha filha que é lindíssima ficar se sentindo feia só porque não tem uns seios perfeitos", disse a mãe para justificar sua atitude, não escondendo as pretensões da filha de vir a trabalhar como modelo, ou seja, viver da exibição do corpo, ao que eu acrescentaria: permitindo a esta mãe viver uma ilusória experiência explícita de perfeição.

AS DEUSAS DA ATUALIDADE

Na Idade Média, a religião atribuiu à carne, ou seja, ao corpo isolado da mente, a voracidade, os impulsos animalescos e a maldade do ser humano. A sociedade contemporânea fez pior, tirou a vida do corpo e o transformou em um objeto, uma coisa, não para ser tocado, para ser sentido, mas para ser visto e admirado esteticamente. Nessa linha, foi abrangido pelo mercado de consumo e se transformou em um *produto*, como um carro, um eletrodoméstico, uma peça de vestuário ou, ao gosto de alguns cirurgiões plásticos, uma obra de arte. Arnaldo Jabor abordou essa questão de uma forma bem humorada, mas realista e contundente, partindo do comentário de uma apresentadora de TV de que "os homens não querem namorar as mulheres que são símbolos sexuais". Com razão, diz o jornalista: as mulheres não são mais para amar, são apenas para ver, prometendo aos homens com suas formas perfeitas um prazer impossível, para o qual não se sentem preparados e, por isso, fogem delas. Concluindo: "Ah, que saudades dos tempos das bundinhas e peitinhos 'normais' e sempre 'disponíveis'". Quem sabe também pudéssemos dizer: ah, que saudades dos tempos das bundinhas e peitinhos com vida, fazendo parte de um corpo dotado de alma. Não me refiro à alma da Igreja, mas à alma dos poetas, o relicário de nossas vivências, de nossas recordações, de nossos sentimentos e de nossos relacionamentos, configurando nossa história, nossa identidade. Não teriam sido melhores os corpos proibidos da Igreja, então chamados *carne*, mas cheios de mistérios e promessas de um dia se deixarem tocar?

COMENTÁRIOS

Lipovetsky, o filósofo contemporâneo citado no capítulo anterior, criou as expressões *sociedade do excesso* e *cultura do exagero* para caracterizar a hipermodernidade que, para ele, suplantou a pós-modernidade, em que tudo é *over*, como se costuma dizer, e a festa cedeu lugar à tensão, representando uma busca desesperada de uma identidade e de uma subjetividade perdidas. A globalização e o declínio das grandes ideologias incrementaram um individualismo sem precedentes, gerando o consumismo, sustentado pela mídia e a publicidade, que tem como meta a aquisição de uma identidade na moda, uma vez que a política e a religião já não mais a mantêm.

Na hipermodernidade, a identidade não é natural ou herdada. Ela precisa ser adquirida. Os *shopping centers*, portanto, as compras, configuram uma forma de criar uma referência que falta, uma *griffe* que é aderida ao corpo e passa a conferir ao indivíduo uma identidade de luxo (o luxo é um objeto de consumo no mundo superlativo em que vivemos). Assim, ao vestir uma roupa *Armani*, ele se sente o próprio *Armani*, ou um sócio da *Armani*. Existem pessoas que se ofendem quando alguém deprecia a marca do seu automóvel, como se estivesse se referindo a elas próprias. A mídia favorece esta ilusão. Em um comercial de alguns anos atrás, um jovem passava pelo corpo a miniatura de um carro de marca famosa, como que procurando amalgamar corpo e marca. A razão é que as pessoas não buscam o produto em si, mas a marca. Agem como os jovens que recorrem a um tatuador para marcar o corpo com um símbolo que lhes confira identidade. Como não conseguem atingir este propósito, a tendência é aumentar o número de tatuagens. As cirurgias plásticas não diferem muito, também representam uma tentativa do indivíduo de SER, assim como o ritmo batido e alto das discotecas e o uso de drogas – *ecstasy*, por exemplo – representam uma tentativa de SENTIR.

Em seu último livro – *Os tempos hipermodernos* – Lipovetsky aborda a questão do cientificismo inaugurado no iluminismo que, dominado pela tecnologia genética, tornou-se capaz de controlar o nascimento, o envelhecimento, a alimentação (transgênicos), a beleza e até a morte (clones). A perfeição corporal, possibilitada pelos avanços da cirurgia plástica e da cosmetologia, além de incluir o corpo no mundo da moda e de constituir uma forma de adquirir uma identidade famosa pela semelhança com celebridades da televisão, do cinema, da música e do esporte, configura uma regressão narcisista a uma etapa da vida em que todos nos achavam lindos: quando mal tínhamos saído do ventre da nossa mãe. Nesta fase inicial da vida, cada vez que nos diziam "que nenê bonito", um tijolo era colocado na construção da nossa identidade. Estaria, então, o homem pós-moderno ou hipermoderno, como prefere o filósofo, voltado para o seu período de constituição do ego como forma de tentar reinstalar em seu corpo a sede do SER e do SENTIR? Associo-me à esperança de Béjart, para o qual a palavra *prazer*, inscrita em letras de fogo no coração do homem e ocultada por diversas forças negativas, guarda uma potência explosiva e construtiva. A esperança, dizia Aristóteles, é o sonho do acordado.

12

Decepção nos relacionamentos

INTRODUÇÃO

Os padrões determinados pelas interações humanas diferem em uma série inumerável de condições internas e externas dos indivíduos, podendo-se conceber que o relacionamento que uma pessoa estabelece com outra varia tanto no tempo quanto no espaço e diverge significativamente de suas relações com as demais pessoas. Não obstante, observa-se uma tendência de cada um agir desde muito cedo de acordo com a sua personalidade nas mais diferentes situações e com as mais variadas pessoas. No espaço que se cria entre esses dois pólos emerge o comportamento humano. De qualquer maneira, são esses vínculos afetivos que estabelecemos em nossos círculos familiares, sociais e profissionais que nos proporcionam os almejados estados de felicidade, de satisfação e de alegria, assim como, opostamente, de infelicidade, de insatisfação e de tristeza. No entanto, o que desejo abordar neste capítulo é a decepção, um sentimento muito sofrido e difícil de elaborar, que deve ser distinguido de outros sentimentos experimentados nos relacionamentos, tais como a frustração e o ressentimento.

CONCEITUAÇÃO E DIFERENÇAS

Do ponto de vista psicológico, a decepção corresponde a um sentimento interno de perda irresgatável equivalente à morte de uma pessoa que não pode mais ser amada. O envolvido é sempre alguém do mundo externo com o qual reproduzimos nossos laços afetivos internos mais significativos e que, ao não corresponder a essa projeção, desfaz a ilusão e cria a desesperança. A decepção é uma experiência afetiva vivida no presente. Ela não se vincula ao passado, tendo em vista que o outro é uma representação na vida real de nossos objetos internos (pessoas importantes do passado, particularmente os pais), que permanecem conosco. Nem se projeta no futuro, pois a relação com o outro sucumbe com a decepção. Nesses momentos, muitas vezes colocamos em dúvida a nossa capacidade de amar e nos perguntamos até que ponto provocamos o comportamento do outro.

A frustração é um sentimento que ocorre quando não conseguimos satisfazer nossas demandas internas, principalmente as infantis, devido à negação de um objeto do mundo externo, no qual projetamos essa expectativa. Às vezes, a frustração é relacionada não só com a não obtenção da satisfação de exigências internas, mas também com o próprio agente da frustração ou, mais especificamente, com a sua ausência, caracterizando o que alguns autores denominam de "privação". A frustração, juntamente com a gratificação, constituem os sentimentos básicos que resultam do relacionamento do recém-nascido com os objetos do mundo externo. Os pais suficientemente bons não são aqueles que gratificam excessivamente os filhos, pois dessa forma os estariam incapacitando para se desenvolverem e se independizarem. Portanto, a frustração, principalmente na infância, quando as exigências impulsivas costumam ser elevadas, além de inevitável, constitui uma forma de o indivíduo ajustar-se à realidade, abrindo mão da onipotência e da idealização dos pais. Mesmo na vida adulta, seguidamente almejamos obter satisfações e facilidades que são exageradas ou se encontram acima das capacidades materiais ou emocionais do outro. Desde que o indivíduo possa ajuizar criticamente a realidade, essas situações não costumam impedir que se mantenha o vínculo afetivo entre o indivíduo que ambiciona a satisfação e o objeto responsável pela frustração. Neste caso, o sentimento de perda do objeto, quando ocorre, costuma ser temporário, não destruindo a relação amorosa com o mesmo. Aliás, mesmo nas relações duradouras e satisfatórias, sempre haverá um certo nível de frustração de ambas as partes, quanto mais não seja porque ninguém é completo ou perfeito, e é através da frustração que identificamos o outro como real. A frustração, de certa forma, se relaciona com o futuro, ou seja, encontra-se vinculada com a expectativa de que um desejo venha a ser satisfeito por uma pessoa definida ou um substituto, dependendo da natureza e da intensidade da demanda.

Ao contrário da decepção, que é vivida no presente, e da frustração que se relaciona com uma expectativa, portanto, com o futuro, o ressentimento encontra-se atrelado ao passado: é sentir outra vez. Diz Kancyper que o ressentimento corresponde a uma amarga e arraigada lembrança de uma injúria particular, da qual se deseja tirar satisfações. Seu sinônimo é rancor. Na decepção, o sentimento é de tristeza, porque se perde um objeto amado. No ressentimento o sentimento é humilhação, despertando impulsos de retaliação, de vingança e de ajuste de contas: o sentimento é de ódio. A pessoa ressentida adquire os direitos de uma vítima privilegiada. O resultado é que o indivíduo mantém-se preso ao passado, não percebendo a passagem do tempo.

OBJETOS DECEPCIONANTES

Eu procurei enfatizar que a decepção resulta de uma atitude concreta e inesperada do outro, determinando uma tipologia de *objetos decepcionantes*. Dependendo das características predominantes, eu penso que é possível descrever pelo menos três tipos de objetos decepcionantes, os quais denominei de emblemático, parasitário e invejoso. A seguir, como eu os descrevo:

Objeto decepcionante emblemático

Neste grupo, encontram-se indivíduos que não têm existência própria, necessitando de um emblema que lhes confira uma certa identidade. Elas precisam pertencer a um grupo social valorizado ou uma corporação oficial reconhecida e se relacionar com os membros desta instituição para se sentirem possuidores de uma identidade. As pessoas que não pertencem ao grupo social valorizado devem ser mantidas afastadas para não ameaçarem sua fraca estrutura identificatória. Para esses indivíduos, os outros não têm uma existência real, são identificados pelo seu emblema. Exemplo: T., um pesquisador de 48 anos, referiu que possuía um colega muito íntimo há vários anos, o que levou os familiares de ambos também a se tornarem próximos. Eles haviam se conhecido em uma universidade onde T. mantinha uma posição destacada. No entanto, por questões políticas, T. foi desligado do cargo que ocupava e perdeu o prestígio que desfrutava em função do mesmo. Progressivamente, o referido colega afastou-se dele, transferindo o vínculo de amizade para o outro que foi colocado em seu lugar. T. ficou profundamente decepcionado com o amigo que, na verdade, sentiu-se sem identidade quando ele perdeu a prestigiada posição que antes possuía, mas a readquiriu ao se aproximar do novo titular do cargo. A vida institucional, à qual estou ligado há muitos anos, oferece freqüentes experiências dessa natureza.

Objeto decepcionante parasitário

Enquanto o objeto decepcionante emblemático carece de objetos internos que lhe confiram identidade, razão pela qual necessita de um emblema pelo qual se sente representado e se faz representar, o objeto decepcionante parasitário encontra-se fortemente fixado nos objetos do mundo interno. Os objetos da vida real não passam de meras representações dos objetos internos ou simples instrumentos de satisfação dos mesmos, com os quais encontra-se identificado. Sendo assim, não existe uma relação verdadeira com objetos reais, os quais podem ser usados e logo abandonados e substituídos de acordo com as demandas internas. Cito um caso: O., 32 anos, por um longo período manteve um relacionamento muito próximo com um professor que o considerava inteligente e estudioso, ajudando-o em sua carreira universitária. Quando atingiu uma determinada posição, que o referido professor sempre considerou merecida, articulou com outros colegas uma forma de ocupar o seu lugar. O professor demonstrou ter ficado muito decepcionado com o gesto de O., tendo lhe dito em uma oportunidade que não estava triste por ter perdido o cargo que, de alguma maneira, poderia recuperar, mas por ter perdido para sempre uma pessoa que havia estimado tanto. O. não pôde evitar de se sentir culpado com a sua atitude, o que se evidenciava pelo fato de não conseguir esquecer as palavras do professor. Neste momento, resolveu procurar um analista para examinar melhor esta situação. Contudo, aparentemente, não se encontrava arrependido, procurando justificar racionalmente a iniciativa que resultou na ocupação do cargo em que o professor estava há vários anos. Era possível perceber que, na verdade, O. não conseguia vislumbrar outro caminho para a sua vida que não fosse aquele, como se tivesse sido previamente traçado para ele. A evolução do tratamento evidenciou que ele se encontrava integralmente submetido às exigências maternas que havia internalizado e com as quais havia se identificado. De acordo com essas exigências, ele teria de ocupar os mais elevados postos da hierarquia universitária se desejasse ser amado e reconhecido pela mãe e, somente desta forma, ser alguém, possuir uma identidade.

Objeto decepcionante invejoso

Às vezes, mantemos um relacionamento que evolui com o passar do tempo, mas ao chegar em um ponto somos surpreendidos por uma atitude do outro que nos causa uma profunda decepção. Geralmente, não conseguimos entender o sentido da atitude e acabamos nos entristecendo e sendo tomados por um sentimento interno de perda irresgatável. Em alguns casos, o que leva a pessoa a agir desta forma é a inveja. A inveja deve ser diferenciada do ciúme. A inveja é um sentimento que se estabelece na relação entre duas pessoas, enquanto o ciúme envolve três. O ciumento é aquele que ama uma pessoa e sente que ela prefere outro: o sentimento é de exclusão. Já o invejoso é aquele deseja rebaixar ou estragar o que o outro possui de bom ou valioso, principalmente suas realizações e capacidades pessoais: ele não tolera que o outro tenha o que ele não tem.

Na vida cotidiana, a inveja se apresenta escondida atrás de várias fachadas, encontrando-se tanto na hostilidade quanto nas críticas e dúvidas aparentemente reais. Ela também pode se expressar sob a forma de uma determinação implacável para obter algo igual ou melhor do que o outro tem. No entanto, o que mais freqüentemente ocorre é o invejoso tentar, por todas as formas possíveis, enlamear as conquistas do outro.

Uma forma sutil de inveja, relacionada com a paz de espírito do outro, consiste em provocá-lo até que perca a calma. O invejoso também não suporta que o outro possa lhe proporcionar algo de bom, nem consegue usá-lo de maneira construtiva. Betty Joseph cita como exemplo a dificuldade que certas pessoas têm para aprender com os livros e publicações científicas devido à necessidade imposta pela inveja de saber o que está escrito antes de ler. Na mesma linha, um invejoso não suporta ouvir o que o outro tem para contar de suas experiências, seus divertimentos ou conquistas, tomando conta do assunto, esfriando-o ou interrompendo-o. No plano do relacionamento sexual, tanto a frigidez quanto a impotência podem ser uma manifestação da inveja.

Ao mesmo tempo, existem várias defesas que são erigidas pelo indivíduo contra a inveja. A mais comum é tentar fazer o invejado sentir inveja. É fácil lembrar-se de pessoas com essa característica. Outra forma é negar a inveja mediante a idealização do invejado. Principalmente nesses casos, a decepção não demora a aparecer. Um exemplo: P., 38 anos, ocupava o cargo de gerente em uma empresa de informática de grande sucesso financeiro, cujos proprietários, dois jovens profissionais de 24 e 26 anos, não hesitava em exaltar. Esta conduta, aliada à sua incontestável capacidade e aparente interesse pela empresa, o levou a se tornar um funcionário valorizado e supostamente de confiança. Sendo assim, quando os proprietários perceberam que, para dirigir a nova divisão que desejavam criar, necessitavam de uma pessoa treinada em uma grande empresa estrangeira, ofereceram a P. a oportunidade de realizar este treinamento, proporcionando-lhe conhecer vários países da Europa. O seu retorno foi festejado com grande alegria, significando ganhos para todos, inclusive P., que passaria ocupar o cargo de diretor, com participação nos lucros. No entanto, transcorreu um mês que já havia chegado e nenhuma medida no sentido de implantar o novo serviço ele concretamente conseguira tomar. Diante dessa situação, os proprietários resolveram questioná-lo sobre a existência de algum problema que estava sendo omitido. P., então, resolveu revelar que durante aquele período encontrava-se em tratativas com um grupo interessado em abrir uma empresa concorrente, oferecendo-lhe uma pequena vantagem. Sem dúvida, não foi essa pequena vantagem, a qual provavelmente também a obtivesse na empresa em que se encontrava, que o levara a praticar a citada deslealdade, mas a intensa inveja que sentia do sucesso, do reconhecimento e da bondade de seus proprietários. Esta situação levou os proprietários a se sentirem profundamente decepcionados, lamentando, muito mais do que o dinheiro despendido e que deixariam de ganhar até encontrar outra pessoa habilitada para contratar, o tempo que gastaram com P. e também o afeto que haviam desenvolvido por ele, ambos irresgatáveis.

Todas as pessoas nascem com um potencial para a inveja e necessitam lidar com este sentimento em seus relacionamentos ao longo da vida. Os indivíduos que funcionam como objetos frustrantes são, geralmente, aqueles que, como decorrência de sua voracidade inata e suas primeiras interações com os pais não conseguiram desenvolver suficientemente suas capacidades amorosas inatas para neutralizar a inveja excessiva, experimentar gratidão e tolerar a bondade, a inteligência, a criatividade e a riqueza interior do outro.

COMENTÁRIOS

Neste capítulo, eu me empenhei em transmitir alguma coisa mais profunda sobre a decepção, procurando diferenciá-la de outros dois sentimentos próximos que são a frustração e o ressentimento. Em algumas ocasiões, alguém pode sentir-se confuso sobre com qual deles está lidando em um determinado momento. No entanto, a evolução do relacionamento não costuma deixar dúvida a esse respeito, uma vez que, diante de uma situação que provoque o sentimento de decepção, dificilmente a pessoa consegue manter a mesma ligação com a outra.

Eu também procurei descrever as três bases psicológicas do indivíduo que apresenta a tendência em agir de forma a provocar o sentimento de decepção no outro, sem com isso pretender conceituar um quadro psicopatológico ou um traço de personalidade específico. De certa forma, todas as pessoas podem produzir este sentimento no outro em algum momento do relacionamento, mas nem sempre será da intensidade dos casos descritos que, além disso, costumam ser repetitivos.

Ao conceber a existência de *objetos decepcionantes,* eu parti da idéia de que este sentimento é experimentado passivamente, ou com a mínima participação de quem sofre a decepção. Evidentemente, estou de pleno acordo com o ponto de vista de que todos os sentimentos encontram-se atrelados a relações de objeto. No entanto, sempre é possível a existência de situações em que uma das partes se deixe dominar por suas necessidades, suas exigências e sua inveja internas, configurando os três tipos de objetos decepcionantes descritos.

Quando um paciente decepciona seu terapeuta, espera-se que o último tenha capacidade para tolerar este sentimento e ajudar o primeiro a modificar a situação interna determinante. Quando um paciente se decepciona com o seu terapeuta, dificilmente o tratamento consegue ter continuidade. O mesmo não acontece com o ressentimento, geralmente um produto da transferência, e muito menos com a frustração, que em níveis aceitáveis constitui uma exigência técnica para o desenvolvimento do trabalho analítico.

13

Metade da vida

INTRODUÇÃO

A chamada *meia-idade* inicia quando chegamos aos 40 anos, estendendo-se até, aproximadamente, os 65, período em que os seres humanos são denominados de *adultos intermediários*. Este período do ciclo vital é poeticamente conhecido como *idade da razão* e *flor da vida*. Contudo, ele apresenta diferenças marcantes entre seus extremos. Geralmente, um homem, uma mulher de 40 anos têm pouco a ver com um homem, uma mulher de 65 anos, acrescido do fato de que os primeiros jamais querem chegar onde se encontram os segundos e, estes, envidam o melhor dos seus esforços para conservar a vitalidade dos primeiros, utilizando todos os recursos disponíveis na atualidade para esse fim, incluindo exercícios, dieta, medicamentos, cosméticos e diversos procedimentos desenvolvidos pela dermatologia estética e pela cirurgia plástica.

SEGUNDA ADOLESCÊNCIA

Entre o *adulto intermediário* de 40 anos, próximo ao *adulto jovem*, e o *adulto intermediário* de 65 anos, próximo ao *idoso*, existe uma faixa plena de experiências significativas, representando, para muitos, os "anos dourados" da vida, uma nova adolescência, no sentido de *adolescer*, ou seja, crescer, desenvolver-se, rejuvenescer. Na melhor das hipóteses, a *meia-idade* reúne pessoas que não se sentem nem no começo, nem no fim da vida, mas desfrutando as vicissitudes de um novo ciclo da existência, não raro, mais gratificante do que o anterior. Porém, para alguns, contrariamente, pode constituir uma vivência depressiva decorrente da conscientização da transitoriedade da vida, configurando uma situação de crise, denominada de *crise da meia-idade*, relacionada com a perspectiva da própria morte, a qual abordarei mais adiante.

Uma das características mais marcantes dessa etapa da vida é o contraste que se estabelece entre indivíduos que estão no auge de sua carreira profissional e os que sentem que fracassaram em seus projetos; entre indivíduos que mantêm um casamento estável e prazeroso e aqueles que se sentem arrependidos e insatisfeitos com seu relacionamento conjugal. Portanto, para alguns, a *meia-idade* representa continuidade, consolidação, coroamento e, para outros, expectativa de reinício da vida profissional ou afetiva, eventualmente, ambas. No entanto, deve ser destacado que esta experiência de começar de novo a vida profissional e/ou afetiva, nessa faixa etária, tem se tornado cada vez mais freqüente, acompanhando o progressivo aumento da idade média da população, representando, em um número expressivo de casos, afirmação de identidade e desenvolvimento.

Ao mesmo tempo, as profundas mudanças observadas na família e nas relações entre homem e mulher, dentro e fora do casamento, nos últimos 10 a 20 anos, em grande parte têm sido protagonizadas por *adultos intermediários*, em uma velocidade jamais imaginada e com uma capacidade de adaptação surpreendente. Particularmente, tem chamado a atenção o gradual aumento de mulheres de *meia-idade* no mercado de trabalho, não exclusivamente como uma forma de contribuir para o orçamento familiar, mas representando uma busca de realização pessoal, fazendo crescer o número de casais de "dupla carreira".

Configura uma peculiaridade do *adulto intermediário* sua dupla face no relacionamento familiar, influenciando, simultaneamente, tanto a geração que o sucede como a que o antecede, funcionando como um interlocutor dos anseios e das necessidades dessas duas etapas do ciclo vital, por vezes, em franco conflito. Em outras palavras, o indivíduo torna-se capaz de ajudar. Isso ocorre porque homens e mulheres, ao atingirem a *meia-idade*, encontram-se no auge do amadurecimento, da competência e também da criatividade, constituindo uma verdadeira geração de comando. É nessa faixa etária que, geralmente, atinge-se o ápice do relacionamento com os pais, constatando-se mais tolerância, valorização e identificação com os mesmos.

Dois eventos comuns na *meia-idade*, o divórcio e a perda do emprego, podem, paradoxalmente, constituir um fator determinante de grande sofrimento psíquico e parada do desenvolvimento emocional ou uma oportunidade de avaliações, realização de sonhos guardados e abertura para novas descobertas, internas e externas, podendo determinar, com mais precisão, o que de fato é genuinamente valioso e essencial nos relacionamentos, concedendo ao casamento e às amizades um novo significado. Um dos aspectos ressignificados na *meia-idade* é a vida sexual, enquanto a sabedoria e a experiência oferecem uma compensação ao declínio das capacidades físicas e da natural atratividade da juventude.

Contudo, mesmo considerando indivíduos exatamente da mesma idade, as generalizações são difíceis nessa quadra da vida, em todas as áreas em que se possa avaliar: física, emocional, conjugal, familiar, sexual, profissional, econômica e de interesses, incluindo o cultural e o esportivo. Esta dificuldade relaciona-se com a característica básica do *adulto intermediário*, que é a individualidade, configurando a grande conquista da *meia-idade*.

CRISE DA MEIA-IDADE

A expressão *crise da meia-idade*, criada em 1965 pelo psicanalista Elliott Jacques, rapidamente caiu no domínio público, tornando-se um rótulo para quase tudo que pode acontecer, no plano emocional, com pessoas em idade próxima aos 40 anos, principalmente manifestações de insatisfação com o casamento e o trabalho. Nos meios científicos, ela foi incorporada às crises desenvolvimentais, de Erikson, Jung, Levinson e outros. Contudo, o que Jacques procurou caracterizar como *crise da meia-idade*, que situou por volta dos 35 anos, são os sentimentos depressivos, decorrentes da consciência da inevitabilidade da própria morte, real e concreta, e os mecanismos defensivos empregados para evitar esta experiência de luto da juventude irremediavelmente ultrapassada.

Existe uma discussão sobre se a *crise da meia-idade* é universal ou não, aparentemente confundindo sintomatologia, que pode se fazer presente ou faltar, com elaboração da finitude, propiciada pelo envelhecimento. As dificuldades de levar adiante o processo de elaboração das perdas, incluindo a própria morte, são responsáveis pelos sintomas apresentados durante a *crise da meia-idade*, na maioria das vezes depressivos e/ou maníacos. Como conseqüência, um indivíduo pode desvalorizar todas suas conquistas e se desinteressar pela vida, configurando um quadro depressivo, ou pode entrar em um estado de euforia e mudar seus hábitos e seus interesses, abandonar seu trabalho e, até mesmo, pôr fim ao seu casamento, buscando identificar-se com os mais jovens, atitude que caracteriza uma tentativa de negação maníaca do envelhecimento e da proximidade da morte. As somatizações também são freqüentes em *adultos intermediários*, refletindo a preocupação com as doenças graves mais comuns nesse período da vida, principalmente as enfermidades cardiovasculares e as neoplasias, responsáveis pelo sofrimento e pela morte de amigos e familiares, com idade próxima.

Jacques centrou suas conclusões em dados biográficos de 310 artistas, músicos e escritores famosos, constatando na faixa etária de 35 anos uma situação de crise, representada por:

1. fim da carreira criativa;
2. revelação da capacidade criativa;
3. mudança significativa na qualidade e no conteúdo da criatividade.

Ele observou que a primeira alternativa era determinada, com alguma freqüência, pela morte do artista, músico ou escritor, com grande incidência, aos 37 anos. O trabalho é ilustrado com o material clínico de alguns pacientes em análise, revelando dificuldades na elaboração da realidade da morte. A consideração que deve ser feita em relação a esse estudo é que ele foi escrito há quatro décadas, quando a expectativa de vida ao nascer, no Brasil, era pouco mais de 48 anos. Atualmente, ultrapassa os 70 anos. Contudo, não é somente a idade que deve ser levada em conta, mas também a possibilidade de desfrutar uma vida saudável e produtiva durante a *meia-idade* e nos anos seguintes. Como resultado, na atualidade, as pessoas não se sentem velhas nesta faixa etária, quando, muitas vezes, estão casando e tendo filhos pela primeira vez, trocando de trabalho ou começando um novo casamento, não raro, com filhos que serão mais jovens do que os netos existentes. O importante passou a ser conservar a saúde e ter a sorte de não ser acometido de uma doença grave, porque não faltará tempo para cumprir essas novas tarefas. O que se observa, em alguns casos, é a ansiedade que resulta do receio de não conseguir ultrapassar a idade em que os pais morreram, por se encontrarem, naturalmente, identificados com os mesmos, ou como decorrência de sentimentos de culpa por realizarem a fantasia de ultrapassá-los.

Contudo, o *adulto intermediário* pode enfrentar uma crise de identidade, semelhante à vivida na adolescência, com maiores ou menores repercussões, tanto nos sentimentos como na conduta, relacionada com as mudanças observadas no corpo, com a diminuição de funções e de capacidades e, também, com as perdas de pessoas que se encontram na mesma faixa etária. Às vezes, o indivíduo sente-se desvalorizado e deprimido pela constatação de ter levado, até então, uma vida falsa, tendo aberto mão de seus princípios ou de seus projetos, concluindo que, se quiser voltar a se sentir ele mesmo, verdadeiro, terá de começar tudo de novo. Eventualmente, ele se casou com o objetivo de encobrir sentimentos homossexuais não-aceitos ou não fez, realmente, uma escolha profissional própria, mas se submeteu a um pai autoritário. É possível que a sua maneira de ser, de se comportar constitui uma forma de agradar ou, contrariamente, opor-se aos pais. Por outro lado, existem situações em que o *adulto intermediário* evolui física e intelectualmente desde a adolescência, mas se mantém parado do ponto de vista psicológico, caracterizando uma pseudomaturidade, fonte de inúmeras frustrações e fracassos afetivos, exigindo do indivíduo uma retomada do desenvolvimento emocional na *meia-idade*.

MENOPAUSA

Denominam-se *menopausa* as manifestações físicas e psicológicas da mulher, em decorrência da diminuição significativa do estrogênio, resultando na parada definitiva da menstruação. Tirando as doenças graves mais comuns, depois dos 40 anos, provavelmente o evento mais importante do adulto na *meia-idade*, do sexo feminino, é a menopausa, embora se observem diferenças importantes quando se comparam as manifestações das mulheres de hoje com as de há alguns anos, como resultado de mudanças culturais e avanços da medicina, preventiva e curativa.

A *menopausa* é antecedida por um período de 2 a 5 anos, em que o fluxo menstrual vai diminuindo, gradualmente, até desaparecer. Este período é chamado de *climatério*, do grego "climater", que significa descida ou o extremo de uma escada, indicando o caráter derradeiro conferido pela tradição a essa etapa do ciclo vital feminino.

As manifestações do *climatério* e, posteriormente, de forma mais acentuada, da *menopausa*, são de duas ordens: orgânicas e psicológicas, atribuídas ao declínio hormonal. Entre as primeiras, encontra-se a perda da capacidade reprodutiva, aliada a alterações tróficas vaginais, produzindo menos lubrificação durante o ato sexual, aumento de peso, osteoporose e *fogachos*, que são episódios de elevação da temperatura. Ao mesmo tempo, os seios tornam-se mais flácidos e o número de pêlos se eleva bastante. Os sintomas psicológicos mais comuns são ansiedade, depressão, irritabilidade e insônia.

A reposição hormonal, assunto controvertido entre especialistas, apresenta uma resposta bastante favorável para os sintomas somáticos, mas pouco expressiva para as manifestações emocionais, indicando que, embora elas possam ser desencadeadas pela *menopausa*, na verdade decorrem dos sentimentos mobilizados por uma série de perdas, reais e fantasiadas, experimentadas nessa etapa da vida.

Juntamente com a perda da capacidade reprodutiva, é comum que, na mesma idade, a mulher se defronte com a vivência conhecida pelo nome "ninho vazio", relacionada com a saída dos filhos de casa. A conseqüência é que ela perde suas funções de mãe e, na dependência de outras fontes de gratificação, poderá sentir-se inútil e desvalorizada. Esse sentimento, determinado pela concomitância da *menopausa* com a saída dos filhos de casa, é menos importante entre as mulheres que trabalham e, principalmente, que mantêm um relacionamento conjugal prazeroso. Nas situações em que se observa a centralização do papel de mãe e que o sentimento de identidade das mulheres encontra-se altamente investido na maternidade, mais facilmente esta dupla perda acarretará o surgimento de quadros depressivos e/ou maníacos, dando início, em muitos casos, ao uso exagerado de bebidas alcóolicas.

Os sintomas, manifestações e dificuldades relatados não acometem a totalidade das mulheres (consta que apenas 10% desenvolvem um quadro depressivo quando entram na menopausa). Um número significativo delas usufrui de um ganho em seus relacionamentos afetivos e em sua vida sexual após a parada definitiva da menstruação. Para muitas, principalmente se conquistaram uma situação econômica estável, representa uma nova etapa de ciclo vital, com mais tempo para seus próprios interesses, atividades culturais, viajar e desfrutar a relação conjugal. Atualmente, um grande número de iniciativas filantrópicas, comunitárias e sociais são dirigidas por mulheres com 50 anos, ou mais.

É possível estabelecer uma correlação entre o *climatério* e a puberdade, pela necessidade de elaborar as duas mais importantes mudanças físico-hormonais do ciclo vital feminino e suas manifestações emocionais, com a diferença de que as primeiras são evolutivas, representando ganhos, enquanto as segundas são involutivas, implicando perdas. As personalidades narcisistas têm mais dificuldade de elaborar o luto por essas perdas, podendo vir a sentir culpa por não ter aproveitado suas capacidades procriativas e/ou sexuais. Como resultado, na prática, observa-se que, quanto mais satisfatórias são as experiências prévias da mulher, menos conflitivos se mostram o climatério e a *menopausa*.

SEGUNDA CHANCE

Com o aumento da expectativa de vida, que poderá superar os 100 anos em futuro não muito distante, os indivíduos na faixa dos 50 anos se encontram, na atualidade, no que poderíamos chamar de metade da vida, justificando a denominação que lhes é conferida de *adulto intermediário*. Contudo, as características da vida moderna exigem muito mais mudanças ao longo da vida do que era observado no passado. Antes, a vida era mais curta, e as pessoas tendiam a permanecer no mesmo emprego, na mesma profissão e na mesma cidade até o fim da vida, embora com um nível baixo de satisfação. O importante era a segurança. Atualmente, a vida é bem mais longa e o progresso tecnológico e científico, assim como o mercado de trabalho e a globalização da economia, criaram um ritmo de vida frenético, com mudanças drásticas e freqüentes em todas áreas, exigindo do indivíduo flexibilidade, mobilidade e grande capacidade de adaptação. A segurança e a estabilidade do passado cederam o lugar ao crescimento e à qualidade de vida.

Assim como a vida profissional, as relações amorosas, em particular o casamento, também passaram a refletir as conseqüências de uma vida mais longa e em boas condições físicas e emocionais. Inúmeros estudos evidenciam a tendência dos relacionamentos conjugais desenvolverem uma curva em U no que diz respeito ao grau de satisfação, correspondendo a parte inferior ao período de vida relativo aos primeiros anos da *idade média*, conseqüência dos naturais desgastes de uma relação tão íntima como o casamento em um período de amadurecimento, de insegurança profissional e econômica e de criação de filhos. No passado, devido às pressões familiares, religiosas e sociais mediante leis muito duras para quem quisesse se separar, a tendência era as pessoas manterem seus casamentos até o final da vida.

No entanto, hoje, homens e mulheres não hesitam em pôr fim em um casamento insatisfatório e tentarem um novo relacionamento, mesmo tendo 50, 55, 60 anos. As estatísticas indicam que cerca de 70% dos indivíduos casados pela primeira vez se separam antes de completarem 10 anos de união, a grande maioria vindo a se casar novamente uma ou mais vezes, dando origem a novas configurações familiares, reunindo filhos de relacionamentos atuais e passados. Essa realidade permite considerar a existência de uma nova edição da adolescência na idade média, consistindo em uma segunda chance oferecida pela vida moderna ao lado de uma série de ameaças, de exigências e de desafios inexistentes no passado. Na *meia-idade*, costuma ocorrer um processo de reelaboração de conflitos relacionados com a autonomia e a sexualidade. Entretanto, quando o *adulto intermediário* procura copiar o comportamento, o vestuário e os interesses dos jovens, geralmente se encontra diante de uma dificuldade de enfrentar o envelhecimento e a morte, caracterizando uma reação maníaca. Nas mulheres, esta reação pode ser desencadeada pela *menopausa*.

ATENÇÃO MÉDICA

Tendo em vista sua nova inserção no aspecto social, profissional, familiar e psicológico, tornou-se uma exigência da atualidade encarar o *adulto intermediário* como alguém que, em condições favoráveis, poderá viver ainda muitos anos e que as mudanças se tornaram uma característica dessa etapa da vida. Portanto, é indispensável ao médico avaliar com precisão a *crise da meia-idade*, diferenciando sintoma de processo sadio de crescimento. Provavelmente, a primeira medida a ser tomada pelo médico, particularmente os mais jovens, para estabelecer essa diferença, consista em abrir mão do preconceito relativo aos indivíduos na *meia-idade*, os quais são equiparados aos pais que, em seu imaginário, já passaram da idade de realizar mudanças, como iniciar um novo trabalho, casar e ter filhos. Para muitos adolescentes, os pais sequer mantêm relações sexuais, encobrindo com essa fantasia sentimentos de inveja e de ciúme por suas capacidades de usufruir a vida plenamente.

Os médicos deveriam ajudar seus pacientes a encararem a vida como um ciclo que precisa ser concluído, para que o indivíduo realmente se sinta realizado como ser humano, valorize sua existência e aproveite a oportunidade de realizar os retoques necessários para viver de forma saudável e prazerosa o segundo tempo do emocionante jogo proporcionado pelo nascimento.

Não obstante, é indispensável que o médico esteja atento para as enfermidades que mais freqüentemente acometem os indivíduos nessa etapa do ciclo vital: as doenças degenerativas, as cardiopatias e o câncer de próstata no homem e de mama e de útero na mulher. Também deve manter a atenção para os quadros psiquiátricos, como a depressão e os transtornos mentais orgânicos. De uma forma mais generalizada, na *meia-idade* ocorre uma lenta, mas progressiva, perda de capacidades físicas relacionadas à visão, à audição, à cognição, à memória e à vida sexual. A massa óssea sofre uma redução, especialmente nas mulheres, após a *menopausa*. Contudo, os exercícios físicos, as dietas com baixo teor de gordura e a manutenção do nível de tensão arterial baixo, além de boas condições emocionais e de atividade intelectual retardam o surgimento desses sintomas. Contrariamente, o tabagismo, o abuso de álcool, a obesidade, o sedentarismo, a hipertensão e o nível elevado de colesterol aceleram o processo de envelhecimento. Entre os fatores mais freqüentemente apontados como desencadeantes de doença física no *adulto intermediário* encontram-se o divórcio, a morte do cônjuge ou familiares, a perda do emprego e, em muitos casos, a aposentadoria.

APOSENTADORIA

O trabalho é um dos mais importantes organizadores psíquicos, funcionando, ao mesmo tempo, como uma ponte da vida anímica com a realidade. A profissão faz parte da identidade do adulto; por essa razão, trabalhar é indispensável para o equilíbrio emocional do indivíduo, mesmo em idade avançada.

Contrariamente, a aposentadoria, muitas vezes almejada, pode representar uma grande decepção, funcionando como desencadeante de quadros psiquiátricos como depressão e alcoolismo, em particular naqueles casos em que o trabalho constitui a principal fonte de gratificação.

Além de perdas financeiras, com a aposentadoria o indivíduo perde poder e posição social, resultando em uma diminuição da auto-estima. Outro aspecto importante é o isolamento social e afetivo do indivíduo que se aposenta, que contribui para o envelhecimento, decorrência do afrouxamento dos vínculos com os companheiros de trabalho e com as pessoas a ele relacionadas.

No entanto, quando se afirma que a aposentadoria é um fator que acelera o processo de envelhecimento, não se pretende sustentar que nenhuma mudança deva ocorrer no regime de trabalho ao atingir a *meia-idade*. Tendo pela frente um terço ou mais de sua existência, não raramente desfrutando de boas condições de saúde, alguns indivíduos nessa etapa da vida treinam para novas ocupações, principalmente quando as antigas se tornam obsoletas, surgem novas necessidades ou mudam os interesses. Também pode ocorrer de o indivíduo aproveitar os ganhos obtidos com a aposentadoria para se dedicar ao trabalho ou profissão com que sempre sonhou. A estabilidade financeira conquistada ao longo dos anos de trabalho e a diminuição de gastos com filhos, que costumam sair de casa na mesma época em que os pais se aposentam, permite que se dedique a tarefas menos rendosas, mas mais gratificantes, eventualmente voltando a estudar e, após algum tempo, iniciando uma nova profissão. Geralmente, aos sucessos nessa segunda jornada, se associam entusiasmo e experiência, dois fatores que embasam a criatividade.

COMENTÁRIOS

As perspectivas do *adulto intermediário* tornaram-se mais promissoras nos últimos anos, em particular aos indivíduos favorecidos do ponto de vista social, econômico, cultural e, principalmente, físico, ou seja, que não padeceram ou padecem de doenças que impõem limitações importantes ou sofrimento. No entanto, a maior longevidade legou ao ser humano uma nova tarefa: cuidar dos pais idosos, o que pode gerar gastos extras e dedicação de parte do tempo disponível para o lazer. Contudo, esta experiência pode representar uma oportunidade de retribuir aos pais os cuidados recebidos durante a infância, adolescência e, não raro, início da vida adulta, assim como reparar eventuais sentimentos de culpa decorrentes de tê-los maltratado, na realidade ou na fantasia.

Na atualidade, a maioria dos homens entre 40 e 65 anos encontra-se em plena atividade profissional, e cresce o número de mulheres acima dos 50 anos que se mantêm no mercado de trabalho. Com a possibilidade cada vez mais real de preservar sua integridade física e mental, muitos indivíduos seguem trabalhando até depois dos 65 anos ou, tendo-se aposentado, são solicitados a desempenhar tarefas que exigem experiência e confiança, tornando a vida mais estimulante e, com os ganhos obtidos, mais confortável.

Dentre os indivíduos que conseguem chegar à *meia-idade* com a auto-estima elevada, é comum observarmos uma disposição para exercer a função de "instrutor", ou seja, ocupar-se com a tarefa de passar seus conhecimentos e experiência à geração seguinte, desfrutando com ações desta natureza um sentimento de grande satisfação que resulta da constatação da utilidade de sua vida. Como conseqüência, o envelhecimento e morte se mostram menos aterradores.

Contudo, é nas relações familiares que se oferecem as maiores perspectivas de satisfação decorrentes das melhores condições físicas e emocionais do *adulto intermediário*, destacando-se a relação com filhos e netos, na qual se tornou possível uma proximidade que, há algumas gerações, não era observada. Em futuro não muito distante, de maneira mais generalizada, as diferenças cronológicas entre os indivíduos na faixa da *meia-idade* perderão em importância para a maioria dos desempenhos, incluindo o sexual, e essas diferenças serão determinadas, predominantemente, pelas vicissitudes da vida. A possibilidade de ter sido, ao mesmo tempo, filho, pai e avô durante a minha *idade média* representou uma das mais instigantes e enriquecedoras experiências da minha vida.

14

Que é isto chamado felicidade

INTRODUÇÃO

A felicidade encontrava-se no cerne do pensamento dos gregos, a qual procuravam manter o mais próximo e o mais acessível possível. Eles acreditavam que a Grécia ocupava ó meio da Terra, a qual concebiam chata e redonda, sendo seu ponto central o Monte Olimpo, onde abrigaram seus deuses. Além disso, os gregos pensavam que acima, no norte, habitava uma raça que desfrutava uma primavera eterna e uma felicidade interminável. Os hiperbóreos, como eram denominados, não conheciam a guerra, o sofrimento, a velhice e o trabalho. No sul, diziam que havia um lugar maravilhoso e abençoado, conhecido como os Campos Elísios, onde vivia o povo chamado etíope, também feliz e virtuoso que compartilhava seus banquetes com os deuses do Olimpo. Como se não bastasse, fantasiavam que, no lado em que o sol se punha, havia um lugar para onde iam todas as pessoas favorecidas pelos deuses para desfrutarem a imortalidade da bem-aventurança.

Na verdade, antes e depois dos gregos, a maior ambição do ser humano sempre foi a felicidade. Apesar disso, é muito difícil determinar em que consiste exatamente esta condição de bem-estar, a qual almejamos alcançar e a desejamos para aqueles que nos são caros. Um psicólogo americano – Martin Seligman – a definiu como o sentimento resultante de três diferentes vivências: *prazer, engajamento* e *significado*. Ele considerou o *prazer* de uma maneira bastante ampla, ou seja, todas as formas de prazer; o *engajamento* como sinônimo de envolvimento afetivo intenso com o que se faz e *significado*, a sensação de nos encontrarmos inseridos em algo maior do que nós mesmos. Faz sentido essa tentativa de estabelecer a origem da felicidade, tida por alguns como a razão de todos os nossos investimentos, materiais e emocionais, porém, jamais atingida, principalmente de uma maneira plena e permanente. Contudo, é provável que o sentimento de felicidade tenha outra origem, que não resulte exatamente da junção de prazer, engajamento e significado e que represente algo tangível dentro de determinadas condições. É uma idéia que procurarei desenvolver neste capítulo. Afinal, como diz Giannetti, "discutir a felicidade significa refletir sobre o que é importante na vida. Significa ponderar os méritos relativos de diferentes caminhos e pôr em relevo a extensão do hiato que nos separa, individual e coletivamente, da melhor vida ao nosso alcance".

RELIGIÃO

Desde tempos imemoráveis, o homem se recusa a aceitar a finitude da vida, a qual se opõe aos seus planos de felicidade eterna. Para contornar esse impasse, ele criou as religiões que oferecem a ilusão de uma nova vida depois da morte, além da possibilidade de ressuscitar e de se comunicar com os que se foram. Isso é possível porque o ser humano dispõe de dois modelos de pensamento: o racional e o mágico. O racional é, grosso modo, o pensamento do adulto civilizado. No homem primitivo, na criança, no conto infantil e na religião predomina o pensamento mágico. Com ele, podemos imaginar que existe um paraíso para onde vamos depois da morte e que nos encontramos protegidos por divindades. Nesse sentido, a visão religiosa dos que professam o cristianismo, o espiritismo, o judaísmo, o islamismo, o budismo e o hinduísmo diferem pouco das crenças dos camaiurás, uma tribo do Alto Xingu. Essa é a vida que o homem de todos os tempos pediu aos deuses, uma projeção do narcisismo humano para eludir a fatalidade da morte. Por essa razão, a religião pode ser considerada como a mais antiga promessa de felicidade da humanidade.

Atualmente, as grandes organizações religiosas encontram-se espalhadas pelo mundo, predominando em uma e em outra região. Pelo número de adeptos que cada uma declara possuir, conclui-se que a religiosidade encontra-se em alta. Contudo, pelo menos no Ocidente, constata-se uma mudança marcante na forma de se relacionar com a religião: uma pessoa pode ter mais de uma religião, esperando obter de cada uma diferentes benefícios, ou trocar sua religião por outra se ela não estiver dando os resultados esperados. Aparentemente, a promessa da felicidade depois da morte não consegue mais seduzir as pessoas, pois elas aspiram, como quase tudo, à felicidade já! O que antes se chamava pejorativamente "vender a alma ao diabo", tornou-se prática diária da pós-modernidade, que poderíamos representar pela seguinte frase: "Compre hoje para desfrutar imediatamente e pague depois acrescido de juros que você sabe que vão infernizar sua vida, mas depois, e, no que vai acontecer mais tarde, não se pensa agora". As religiões lançam mão das técnicas modernas de comunicação – como exemplo, as pregações televisadas e as missas-*show* –, porém não conseguem competir com as promessas de felicidade de consumo imediato, ofertadas pela propaganda. É provável que o que se assistiu na televisão durante a agonia e os funerais do Papa João Paulo II reflita a religiosidade de um contingente expressivo de indivíduos das mais variadas nacionalidades, mas não podemos subestimar a capacidade de mobilização dos meios de comunicação, capazes de arregimentar um número igual de pessoas para assistir a um espetáculo de *rock*.

FILOSOFIA

A pergunta que todo homem propõe a si mesmo é a seguinte: que devo fazer para ser feliz? Uma ciência antiga era tradicionalmente encarregada de responder a esta pergunta: a filosofia. Em grego, filosofia quer dizer "amor pela sabedoria". E a sabedoria (*sophia*), em seu sentido original, nada mais é que o método da felicidade, pois, para os gregos, o saber autêntico deveria contribuir para a felicidade, caso contrário ficaria privado de sentido. Contudo, o que é felicidade? Como pode ser definida? Será pessoal o conceito de felicidade? Cada qual tem sua felicidade própria? Será a felicidade uma sensação de contentamento, de alegria? Eu devo considerar que sou feliz ou que apenas estou feliz? Para os filósofos, a felicidade é algo muito diferente e, sobretudo, bem mais do que uma alegria passageira. A essência da felicidade consistiria em um estado estável e duradouro de satisfação. Um momento de felicidade, portanto, seria uma expressão imprópria, quase contraditória, pois estaríamos confundindo a felicidade com a simples alegria de um momento. Mas como atingir uma felicidade assim? "Com a satisfação de todos os meus desejos, alcançarei um estado de contentamento perfeito, de satisfação permanente", preconizavam os gregos. Ser feliz requer, portanto, a satisfação de todos os nossos desejos? Mas certamente não todos os desejos ao mesmo tempo, o que nos levaria a uma situação de tédio, uma impossibilidade de sermos felizes pela falta de novas satisfações. Enfocando exatamente este paradoxo, Oscar Wilde dizia que, basicamente, "há duas tragédias na existência: não conseguir satisfazer todos os desejos e conseguir satisfazer todos os desejos". Por conta disso, alguns filósofos concluíram que, para sermos felizes, a satisfação dos nossos desejos deve ser harmoniosa e adequadamente distribuída ao longo da vida. Foi nessa linha que Kant definiu a felicidade como "a totalidade das satisfações possíveis".

FREUD

Em 1929, Freud escreveu um longo artigo que podemos traduzir como *A infelicidade na civilização*, no qual coloca a pergunta: "O que querem os homens da vida?", para logo responder: "Esforçam-se para obter felicidade; querem ser felizes e assim permanecer". Portanto, para Freud, o que decide o propósito da vida é simplesmente o princípio do prazer, em ação desde que nascemos. O problema é que esse princípio mantém um antagonismo irremediável com a realidade, inviabilizando a ambição humana de viver em estado permanente de felicidade. Na verdade, diz Freud, o que chamamos de felicidade provém da satisfação de necessidades represadas em alto grau, sendo, por sua natureza, possível apenas como uma manifestação episódica. Segundo suas palavras, "somos feitos de modo a só podermos derivar prazer intenso de um contraste e, muito pouco de um determinado estado de coisas", ilustrando seu ponto de vista com os versos de Goethe, que dizem: "Nada é mais difícil de suportar do que uma sucessão de dias belos". Desta forma, ele procurou assentar que somente experimentando o desprazer é que conseguimos identificar uma vivência prazerosa. Devido a essa restrição, a infelicidade é uma experiência muito mais freqüente, tendo como fonte o nosso próprio corpo, o mundo externo e nossos relacionamentos. Essa terceira fonte, que se encontra representada pela civilização, é em grande parte responsável por nossa desgraça e seríamos muito mais felizes se a abandonássemos e retornássemos às condições primitivas, disse Freud, que acabou por se perguntar: "Enfim, de que nos vale uma vida longa se ela se revela difícil e estéril em alegrias, e tão cheia de desgraças que só a morte é por nós recebida como uma libertação?".

SOCIEDADE CONTEMPORÂNEA

Vivemos em uma época em que ser feliz se tornou uma obrigação. Fazemos de tudo para nos sentirmos felizes e buscamos em todos os lugares a felicidade que, no passado, nos era apresentada por palavras e, na atualidade, por imagens, as quais procuramos reproduzir para nos sentirmos felizes. "A depressão é o mal de uma sociedade que resolveu ser feliz a todo o preço", disse o pensador francês Pascal Bruckner, para quem o culto da felicidade é um novo entorpecente coletivo que invade as sociedades ocidentais, ao qual todos devem se entregar, em suas modalidades químicas, espirituais, psicológicas, informáticas, religiosas. Ele chamou de "dever de felicidade" essa ideologia que obriga a avaliar tudo sob a ótica do prazer, a grande obsessão do homem moderno. Aos filhos, não procuramos mais transmitir valores, mas a idéia de que precisam ser felizes a qualquer custo, e não medimos esforços para lhes proporcionar todas as possibilidades de satisfação e lhes poupar de todas as frustrações, inclusive as inerentes à vida. Nossa principal tarefa é aumentar o número de satisfeitos sobre a terra, destacou acertadamente Bruckner, apontando que, na nossa cultura, voltada inteiramente para o hedonismo, infelicidade não é mais somente infelicidade: é pior ainda, é o fracasso da felicidade. Isso é tão verdade que nos sentimos envergonhados quando não estamos felizes. Procuramos esconder nossa infelicidade para não nos sentirmos diferente dos demais. Vivemos o mal-estar de não conseguirmos desfrutar a felicidade que a mídia nos indica que os outros desfrutam. A felicidade se apresenta aos nossos sentidos sob variadas formas: beleza, saúde, liberdade, sucesso, amor, poder, viagem, automóvel, residência, dinheiro e tantas outras. Por não sabermos exatamente em que consiste a felicidade, pagamos um preço elevado para obtê-la.

OUTRA VISÃO DE FELICIDADE

A visão de Freud da felicidade é sombria, tendo em vista que ele se referiu à civilização no contexto da modernidade, que se caracterizou pela busca da segurança em detrimento da felicidade mediante a renúncia à satisfação dos instintos. Mas na pós-modernidade, os homens e as mulheres trocaram um quinhão de suas possibilidades de segurança por um quinhão de felicidade, ponderou o sociólogo polonês Zygmunt Bauman. Representa uma visão otimista do mundo em relação à possibilidade de ser feliz, mas, como Freud, não foge da questão do prazer como condição da felicidade. Minha posição é que o prazer está ligado à satisfação dos desejos, mas a felicidade resulta do sentimento de ser verdadeiro e da plena aceitação da realidade de que nada dura para sempre. Sem dúvida, esses fundamentos não são fáceis de serem adquiridos, justificando a procura constante de outras maneiras de sustentação de uma vivência de felicidade, como a satisfação dos desejos e a crença religiosa. Nesta linha, encontram-se todas as formas de felicidade que a propaganda maciçamente nos oferece em troca de um simples pagamento, parcelado em módicas prestações.

Evidentemente, esse tipo de felicidade é efêmero, assim como o são todos os bens de uma sociedade de consumo, para a qual esta sensação de bem-estar não é nada mais do que um produto. Contudo, se, em vez disso, a felicidade se sustentar em uma base permanente, como é o caso de um sentimento interno, ela tenderá a ser mais estável. Na verdade, sem essa base emocional de autenticidade, será difícil a uma pessoa sentir-se verdadeiramente feliz, buscando encontrar essa vivência em satisfações proporcionadas pelo mundo externo. Não obstante, o que eu procuro definir como felicidade inscreve-se em uma etapa avançada do desenvolvimento, quando o princípio do prazer cede lugar ao princípio da realidade, e o indivíduo torna-se capaz de reconhecer a bondade de seus objetos e aceitar as limitações da vida, incluindo a finitude. Em um plano psicológico mais profundo, podemos dizer que, na verdade, o que experimentamos como felicidade é uma (re)vivência do bem-estar primordial do ser humano obtido em uma relação amorosa com a mãe durante os primeiros meses de vida, o qual gera o "sentimento de si". Sendo assim, quem sabe não seja exagero afirmar que sensação interna de autenticidade é o mesmo que experiência de felicidade.

COMENTÁRIOS

Na Idade Antiga, o homem buscava a felicidade através da fé, no Iluminismo através do conhecimento científico, com o surgimento da burguesia através da medianidade; em nossos dias, através da obtenção daquilo que a propaganda induz a pensar que nos fará feliz. Em todas essas etapas, a felicidade encontra-se fora do indivíduo, devendo ser obtida através de um meio ou, como acontece atualmente, adquirindo-se algo: por exemplo, o creme X, geralmente caríssimo, que, ao produzir o rejuvenescimento da pele, proporcionará à mulher sentir-se mais feliz. É o que sugere a propaganda deste produto na televisão, em um *outdoor* ou em uma das diversas revistas especializadas existentes no mercado, utilizando-se da imagem de um ícone de beleza. Dessa forma, estabelece-se a relação "rosto jovial = felicidade" e, por este meio, o creme X é consumido em grande escala. O procedimento da indústria farmacêutica para vender ansiolíticos, antidepressivos, analgésicos, relaxantes musculares e outros medicamentos não é diferente, ou seja, ela também procura relacionar o produto a uma imagem de felicidade. Outro exemplo: o tradicional presente de aniversário, em sua origem, procurava expressar a expectativa de que, através dele, o aniversariante desfrutasse uma pequena parte da "felicidade" a ele desejada. Contudo, o que era simbólico, tornou-se concreto. Na sociedade ocidental contemporânea, o presente é, supostamente, ele mesmo a esperada, total e definitiva felicidade.

Aparentemente, existe um sentido no pensamento dos gregos antigos ao diferenciar a alegria da felicidade, definindo a primeira como algo passageiro, esporádico, e a segunda, como algo duradouro. Digo isso porque, conforme procurei evidenciar, a felicidade não deve ser buscada no mundo, mas (re)encontrada dentro do próprio indivíduo. Um conto popular ilustra essa verdade, dizendo que, no princípio dos tempos, reuniram-se vários demônios para fazerem uma travessura: tirarem algo valioso dos humanos. Depois de muito pensar, um deles disse: "Já sei! Vamos tirar-lhes a felicidade, mas o problema é onde escondê-la para que não possam encontrar". O que se encontrava ao seu lado não perdeu tempo: "Vamos escondê-la no cume do monte mais alto do mundo". Mas não levou mais do que um minuto para que um outro se manifestasse: "Não teremos sucesso. Recordem-se que os humanos têm força, logo algum deles chegará ao cume da montanha e se um descobrir em pouco tempo todos saberão onde a felicidade se encontra. Proponho que se a esconda no fundo mar". A solução, a princípio pareceu boa, mas não tardou ocorrer a um dos demônios que sendo os humanos muito curiosos, acabariam fabricando algum equipamento para se aproximarem do fundo mar, descobrindo a felicidade. "Então, vamos escondê-la em um planeta distante da Terra", disse outro, logo contestado: "São muito inteligentes, construirão naves que os levarão para os outros planetas e a felicidade se tornará acessível a todos". Já haviam falado todos os demônios reunidos, faltando apenas um que permanecera até então refletindo. Disse: "Creio saber onde esconder a felicidade para que os humanos não a encontrem". Juntos, todos perguntaram: "Onde?". E ele respondeu: "A esconderemos dentro deles mesmos. Estarão tão ocupados em buscá-la fora que nunca a encontrarão". Todos concordaram e desde então tem sido assim: o ser humano passa a vida procurando a felicidade sem se dar conta que a traz consigo.

Na verdade, a essência da felicidade consiste em o indivíduo ser ele mesmo, sentir-se verdadeiro, representando, por esta razão, um estado duradouro, conforme preconizava a sabedoria dos gregos antigos. Quem sabe a tenha definido corretamente Schnitzler, ao assentar: "É indispensável ver o mais claro possível em si mesmo, iluminar os recônditos mais ocultos do seu ser! Ter a imagem de sua própria natureza. Não se permitir desgarrar. Sim, eis o que deveria ser a prece diária de cada homem honesto: Que eu permaneça fiel a mim mesmo". A felicidade, portanto, não está no bom humor, no otimismo e na generosidade, como escreveu o psicólogo Martin Seligman, citado na introdução, mas na verdade. Sendo assim, no início do próximo ano, não fale aos seus amigos que deseja que eles sejam felizes, mas ensine-lhes o segredo para que conquistem a felicidade, dizendo: "Sejam verdadeiros, sejam vocês mesmos!".

15

Começar de novo

*A própria luta para chegar ao cume
basta para encher o coração de um homem.
É preciso imaginar Sísifo feliz.*
Albert Camus

INTRODUÇÃO

Na maioria das situações, quando se fala na frase que é o título deste capítulo, alguns a relacionam imediatamente com uma capacidade e outros com um fracasso, pois é quando fracassamos em alguma área que necessitamos começar de novo. Contudo, as duas posições não representam uma contradição, se levarmos em consideração que, muitas vezes, de fato, somos levados a recomeçar alguma coisa quando não obtemos sucesso – portanto, fracassamos – e que, para tanto, precisamos dispor de uma certa capacidade para partirmos novamente do zero. Evidentemente, nem todas as pessoas têm capacidade para recomeçar e, algumas, só recomeçam para fracassar de novo. Contudo, deveríamos dar maior ênfase à capacidade de recomeçar do que criticar os que fracassam, tendo em vista que nos encontramos todos expostos permanentemente às mais variadas formas de insucessos e que, como veremos na seqüência, alguém pode decidir começar algo de novo, apesar do sucesso alcançado.

Um dos assuntos diretamente relacionado a esse tema, principalmente na atualidade, é o casamento. Embora o número de pessoas que terminam um relacionamento de alguns ou de muitos anos, recomeçando logo a seguir outro, seja cada vez maior, temos a tendência a priorizar o fracasso em detrimento da capacidade de começar de novo. É muito mais freqüente criticarmos alguém que se casou duas ou três vezes do que alguém que mantém um casamento infeliz por muitos e muitos anos e, não raro, consideramos o último comparativamente mais sério, mais respeitável, mais confiável. No entanto, a pergunta que deve ser feita a respeito dessa constatação é a seguinte: vale a pena trocar nossa felicidade por um elogio que geralmente parte de uma pessoa que tem dificuldade de aceitar sua incapacidade de começar de novo? Certamente, o mais correto seria nos abster de julgar a conduta dos outros, reconhecendo que cabe a cada um encontrar seu próprio destino, o que exige sorte, determinação e tolerância com as próprias limitações. Muitas vezes, é preciso começar de novo se quisermos despertar para uma nova vida, uma vida que seja realmente própria, como dizem os versos de Ivan Lins:

> Começar de novo
> E contar comigo
> Vai valer a pena
> Ter me conhecido

MOTIVAÇÕES

Sem dúvida, existe um grande número de motivações para uma pessoa começar de novo, seja no campo afetivo, profissional ou de outra ordem, como acontece, por exemplo, quando alguém resolve trocar de cidade ou de país. Contudo, existe algo em comum em todos esses casos: a perplexidade diante do desconhecido, razão pela qual a maioria das pessoas tem tanta dificuldade de começar de novo. Além disso, ao recomeçarmos qualquer experiência, somos obrigados a perder algumas gratificações e a abandonar as defesas que nos conferem estabilidade, buscando encontrar uma segurança mínima em funcionamentos mais adaptados à nova situação. Contudo, nem sempre o indivíduo consegue realizar essa transição com facilidade, podendo cair em um estado de grande vulnerabilidade física e emocional. É o que observamos com freqüência quando uma pessoa decide ou, principalmente, é forçada a viver em outro país, deixando para trás sua bagagem cultural, seu trabalho, a língua materna, familiares, amigos e, como resultado, uma parcela da sua identidade, a qual terá de resgatar em um contexto desconhecido e, eventualmente, adverso. Por essa razão, os estrangeiros fazem parte dos grupos de risco de depressão, de suicídio e de uso de drogas. Embora menos comum, a mesma dificuldade é possível constatar nas mudanças dentro de um mesmo país, em particular como o nosso, com tantas diferenças, como observamos eventualmente quando o indivíduo, criado em uma pequena cidade do interior, transfere-se para a capital do Estado. Este tipo de mudança ocorre freqüentemente quando chega o momento de o jovem ingressar na universidade, gerando manifestações transitórias de sofrimento psíquico ou, em casos mais graves, os chamados "transtornos de adaptação", situações em que a ajuda de um profissional pode tornar-se indispensável.

Para começar uma vida nova, os indivíduos podem trocar de cônjuge, de emprego, de moradia ou até mesmo de identidade, fazendo-se passar por outra pessoa para apagar o passado, obter algum tipo de vantagem ou ambas as coisas. Um exemplo disso é o do criminoso de guerra nazista Joseph Mengele, que teria morado no Brasil com uma identidade falsa durante 20 anos, vindo a falecer incógnito em 1979. Na mesma linha, um livro lançado recentemente e já contestado procura mostrar que também Fidel Castro não só teria vivido os primeiros anos de vida como nascido no Brasil, mas mandado apagar os traços dessa origem quando se tornou ditador de Cuba. Durante o regime militar, em nosso país, um grande número de pessoas viveu na clandestinidade, com nome e documentos falsos para evitar serem presas. Muitos filmes abordam este instigante tema da mudança de identidade, destacando-se, entre outros, *O sol por testemunha*, dirigido por René Clément, em que o personagem principal mata o amigo para se apropriar de sua fortuna. Esta fantasia universal de viver por algum tempo a identidade de outra pessoa, assim como no cinema, também se encontra representada na literatura com o romance *Se eu fosse você*, de Julian Green, no teatro com *Cyrano de Berjerac*, e até mesmo na mitologia, cujo exemplo mais eloqüente foi o de Zeus que, para possuir Leda sem que o marido suspeitasse, entrou no quarto do casal fazendo-se passar por um cisne.

São inúmeros os casos de obscurecimento de identidade que visam a dissipar a verdadeira origem da pessoa com que nos defrontamos socialmente e, em particular, na atividade clínica. De certa forma, são seres que começam de novo com a finalidade de deixar para trás uma história que desejam esquecer, relacionada com eles próprios ou mais comumente com a família, configurando os chamados "segredos familiares". No entanto, esse apagamento de uma parte da própria história produz um empobrecimento das capacidades do ego, comprometendo particularmente a criatividade. Nesses casos, o psicoterapeuta deve ajudar o paciente a reintegrar a parte desprezada de sua história, representando este trabalho um verdadeiro começar de novo, objetivando dotá-lo de um genuíno sentimento de autenticidade, o que somente nos é possível obter quando reconhecemos nossas verdadeiras origens.

INFÂNCIA

Naturalmente, as crianças encontram-se menos preparadas para as mudanças do ambiente que, sendo muito intempestivas ou freqüentes, podem tornar-se traumáticas. Na maioria das vezes, elas reagem com regressões, as quais representam uma tentativa de fugir da situação mediante o retorno a uma etapa do desenvolvimento em que se sentiram mais seguras. Um exemplo comum é a criança que já controlou os esfíncteres voltar a urinar na cama quando os pais se separam ou resolvem fazer uma viagem, quando a babá é substituída, quando nasce um irmãozinho ou quando é colocada na escola. Essas regressões costumam ser reversíveis, durante o tempo necessário para a criança se adaptar à nova situação.

Contudo, existem casos em que o trauma permanece, gerando condutas que tendem a se repetir ao longo da vida. Um caso ilustrativo é o de D., 17 anos, que, desde a separação dos pais, quando tinha apenas oito, havia morado em diversos países, ora com o pai, ora com a mãe, sendo alvo de disputas entre ambos. Ele nasceu e se alfabetizou em uma pequena cidade francesa, mas, com a separação dos pais, mudou-se com a mãe para a Alemanha e, um tempo depois, o pai obteve sua guarda definitiva e o levou para o Canadá. Posteriormente, transferiu-se para um pequeno país da América Central e, por último, para o Brasil. Neste período de 9 anos, além do francês, aprendeu a falar alemão, inglês, espanhol e português, o que lhe permitiu manter o desenvolvimento escolar. Contudo, D., ao trocar de país e aprender um novo idioma, esquecia totalmente as experiências vividas no país anterior, incluindo sua língua. Ele vivia apenas o presente, como se não tivesse passado, dedicando-se exclusivamente aos estudos. Procurou tratamento, estimulado pelo pai, devido às suas enormes dificuldades de relacionamento. Durante a sua psicoterapia, foi possível verificar que esse quadro de isolamento social e afetivo representava uma defesa contra penosos sentimentos de tristeza, relacionados com fato de ter sido afastado abruptamente dos cuidados da mãe, com a qual mantinha uma relação afetiva muito intensa. Lembrar do passado, para quê? Para sentir uma saudade interminável? Para pensar em coisas que ele não entendia como aconteceram? Tornar-se um indivíduo sem memória e sem desejo foi uma solução para seguir vivendo...

PIONEIRISMO

A palavra "pioneiro" vem do francês *pionnier*, nome dado ao soldado que abre fossos, trincheiras e galerias subterrâneas. Por extensão, aquele que abre o caminho. Parece-me uma palavra apropriada a algumas pessoas que conheci ao longo da vida com grande capacidade de abrir uma nova estrada diante da impossibilidade de seguir trilhando o caminho existente, acrescido do fato de demonstrarem um estoicismo digno de um verdadeiro soldado e a capacidade de se manterem firmemente ligados às suas crenças essenciais, tanto diante de dificuldades arrasadoras quanto de facilidades sedutoras.

A minha idéia é de que o pioneirismo representa uma forma de começar de novo, em que o indivíduo tem como meta o resgate de um princípio perdido pelo grupo do qual ele faz parte. Neste sentido, o pioneiro difere tanto do descobridor quanto do inovador, muitas vezes equiparados. No entanto, a descoberta se faz por acaso, trata-se de um achado, não implicando uma intencionalidade estabelecida previamente. Por outro lado, a inovação tem como meta a novidade, seu objetivo é o de causar impacto estético e, por este meio, obter sucesso. Já o pioneirismo envolve sempre um recomeço, uma volta ao ponto de partida para fazer de novo e não se encontra comprometido com o ineditismo. Sua marca é o propósito, a dedicação, o vigor e a pessoalidade, remetendo-nos ao sentido original da palavra pioneiro. Em síntese, é aquele que executa uma tarefa com esforço e simplicidade, por essa razão, merecendo do seu grupo a admiração e, na maioria das vezes, uma posição de liderança.

Freud, para citar um exemplo, muito mais do que um descobridor ou um inovador, embora também se possa atribuir a ele esses méritos, foi acima de tudo um pioneiro, tendo dedicado sua vida profissional inteira para abrir um caminho que levasse à compreensão do inconsciente, diferenciando-se dos demais pelo apego a um princípio do qual nunca se afastou, mesmo nos momentos mais sofridos: a verdade. Teve a capacidade de refazer suas hipóteses inúmeras vezes e, para entender as reações dos seus pacientes, não se cingiu aos conhecimentos vigentes da psiquiatria, mas se dedicou a um trabalho por ele mesmo chamado de "escavação" do subterrâneo da mente para encontrar o que era o mais original do ser humano: a infância.

TIPOLOGIA

Como é fácil constatar, existe uma variedade de iniciativas de recomeço possíveis de serem identificadas, as quais procurei agrupar de acordo com as suas motivações, resultando nos seguintes tipos:

a) *Adaptativo* – Corresponde aos casos em que o indivíduo decide começar de novo com a finalidade de se adequar a uma situação imposta pela realidade. Cito como exemplo um cirurgião com 38 anos que, devido a um acidente automobilístico, perdeu os movimentos de uma das mãos. Impedido de seguir operando, ingressou novamente na universidade com a finalidade de estudar administração, realizando posteriormente uma especialização na área de saúde pública, na qual passou a se desempenhar profissionalmente com bastante sucesso.

b) *Defensivo* – Nesta categoria, se enquadram as pessoas cujo recomeço tem um caráter sintomático, resultando em perda de capacidades, tantos afetivas como criativas. Os casos mais característicos são aqueles de indivíduos que suprimem uma parte de sua história, a qual desvalorizam ou cuja lembrança lhes faz sofrer. A clínica nos propicia conhecer muitos exemplos deste tipo e, em todos eles, constatamos que é como se começassem de novo sua vida a partir do momento em que decidem sepultar o fragmento indesejável da sua existência. Na vida social, identificamos o recomeço defensivo naquelas pessoas que, como costumamos dizer, não reconhecemos quando as reencontramos depois de um tempo de afastamento. Às vezes, depreciativamente, dizemos que elas esqueceram quem eram e se tornaram novas pessoas.

c) *Evolutivo* – Trata-se de um recomeço trabalhoso, porém criativo, gerando o crescimento interno do indivíduo. Fazem parte deste grupo homens e mulheres dotados de valores internos bem-estabelecidos dos quais não abrem mão nem para fugirem das dificuldades, nem para obterem vantagens. Cito um caso exemplar: M. começou a trabalhar muito jovem, era muito dedicado e não levou muito tempo para se tornar um dos donos de uma grande fábrica de motores. Aos 63 anos, com as duas filhas formadas e casadas, sentia-se um homem realizado, desfrutando ele e a mulher uma vida alegre e confortável em todos os sentidos. No entanto, neste momento, viu-se diante de uma situação em que teria de concordar com uma operação que ele considerava fraudulenta, arquitetada pelos sócios para realizarem um aumento patrimonial espetacular, ou afastar-se da empresa da qual, além de dono, era um dos fundadores. M. optou pela segunda alternativa e, com o apoio da mulher, teve a coragem de, literalmente, começar de novo, pois resolveu realizar um plano que tinha em mente desde o tempo em que começou a fábrica de motores, aos 26 anos. Ato contínuo, alugou um pavilhão, contratou alguns profissionais, adquiriu as máquinas de que necessitava e começou a desenvolver uma pequena peça que, com o tempo, veio a revolucionar o funcionamento de um tipo de motor. Por este trabalho, recebeu o prêmio de pioneiro, feliz por ter se mantido fiel aos seus princípios. Perguntado como se sentia, respondeu: "Rejuvenescido!".

d) *Reconstrutivo* – É o típico começar de novo dos indivíduos que se separam ou enviúvam, os quais, após um período normal de luto, procuram reorganizar suas vidas com novos relacionamentos. Os filhos, particularmente se são crianças ou adolescentes, participam deste processo e, geralmente, são os que mais sofrem, mas acabam se beneficiando deste recomeço que restabelece os referenciais necessários para o seu desenvolvimento. Eu também incluiria neste grupo J., um homem de origem pobre, profissional liberal, mas que, devido a uma atividade ilegal iniciada nos primeiros anos de carreira, conquistou uma elevada posição econômica e social, na qual se manteve por muito tempo. Contudo, quando os dois filhos chegaram na adolescência, tendo J. 46 anos, percebeu que eles necessitavam de um modelo para realizar suas opções profissionais e resolveu encerrar a atividade ilegal que mantinha, voltando a trabalhar na profissão em que era formado, o que representou uma diminuição drástica de ganhos mensais. Contudo, ao começar de novo sua vida não só profissional, mas também social, econômica e familiar, J. sentiu-se muito mais valorizado pelos filhos, que acabaram escolhendo o mesmo curso superior que ele realizara.

e) *Traumático* – Nestes casos, o começar de novo assume o caráter de repetição, tanto pela freqüência quanto pela similitude. Observa-se este tipo de recomeço em várias áreas, mas a mais comum é a dos relacionamentos amorosos. Descrevo um exemplo: R., 45 anos, esteve por se casar inúmeras vezes, inclusive com apartamento comprado e decorado, mas sempre desistia na última hora porque conhecia outra mulher pela qual se apaixonava "febrilmente" e resolvia começar um novo relacionamento. Este era um momento de grande tensão que somente se acalmava quando conseguia terminar definitivamente com quem estava prestes a se casar e dar início ao novo idílio. Na verdade, R. idealizava as mulheres, e, com o tempo, se sentia dominado por elas. A nova paixão constituía uma forma de fugir do casamento, vivido como rendição final a uma imagem materna extremamente dominadora.

UM TIPO ESPECIAL DE RECOMEÇO

Sob este título eu desejo abordar os casos de pessoas que se encontram muito bem no que estão fazendo e que, em um determinado momento, resolvem mudar o seu rumo tendo em vista realizar um projeto há muito tempo acalentado ou, simplesmente, buscar uma experiência nova. Penso que neste tipo se inclui G., um médico de grande projeção que, aos setenta e poucos anos, resolveu diminuir drasticamente sua atividade profissional e começar a tocar um instrumento musical. Ele revelou grande capacidade nesta área e, em pouco tempo, já havia se dedicado integralmente a ela, inclusive realizando *shows* beneficentes. Na verdade, este era um sonho infantil que G. pôde realizar exatamente por ter tido sucesso em sua vida profissional. São muitos os exemplos de pessoas que, em idade avançada, decidem dedicar-se a algo diferente do que sempre fizeram: em busca da realização de um sonho, como no caso de G., ou simplesmente para desfrutarem uma experiência nova, sem depender do seu resultado. Quem sabe, para alguns, apenas para usufruir a irresponsabilidade que Borges, poeticamente, disse que não dispensaria se vivesse outra vez.

COMENTÁRIOS

Resolvi abordar neste livro a questão do começar de novo por considerar que representa um verdadeiro conflito da vida real, com o qual nos defrontamos várias vezes ao longo da nossa existência, e que nos causa hesitação e, na seqüência, uma angústia que, por vezes, pode ser muito intensa. Nesses casos, temos a tendência a recuar e, dessa forma, conseguimos aplacar esse sentimento desagradável que reflete uma fantasia de perda das referências que nos conferem segurança e, eventualmente, de destruição da nossa identidade. Contudo, quando conseguimos vencer esta etapa de indecisão, abre-se um campo de oportunidades para recomeçar uma experiência afetiva, profissional ou de outra natureza que, por alguma razão, foi interrompida, desviou-se de sua finalidade ou passou a impor um sofrimento exacerbado.

Vimos que as motivações para uma mudança de rumo dessa ordem são variadas e nem sempre favoráveis para o indivíduo, roubando-lhe capacidades, em particular a criatividade. No entanto, existem outras que são necessárias ou até mesmo indispensáveis para o seu desenvolvimento, revelando capacidades especiais, como as observadas nos pioneiros. A dificuldade que se impõe a todas essas situações tem um denominador comum que é o enfrentamento com o novo, o desconhecido que nos amedronta. Contudo, este é também o espaço em que habita a criatividade, motivo pelo qual podemos equiparar a trajetória do começar de novo com a trajetória do ato de criação. Na verdade, o ato de criação é um começar de novo e o começar de novo, é um verdadeiro ato de criação. Por esta razão, observamos o mesmo estado de fruição de um prazer superior quando as pessoas nos falam dos livros que escreveram, das músicas que compuseram, das telas que pintaram ou das mudanças radicais que realizaram em suas vidas profissional ou afetiva.

Também devemos relacionar o começar de novo com a descoberta dos talentos, os quais geralmente não se encontram à mostra, que precisam ser descobertos como uma flor que se esconde entre as folhas. Sendo, na maioria das vezes, uma descoberta inesperada, o talento de uma pessoa poderá nunca se revelar se ela não tiver coragem de experimentar situações novas. Por essa razão, a biografia dos grandes artistas registra um número expressivo de exemplos em que as aptidões excepcionais surgiram em um momento de mudança.

Por último, gostaria de acrescentar a este estudo um comentário sobre o significado emocional deste gesto criativo em que consiste o começar de novo. Em outras palavras, tentar identificar qual o prazer obtido com a sua realização. Como em todas as questões abordadas neste livro, procurei me aprofundar neste tema ouvindo a descrição de suas vidas que espontaneamente fazem os pacientes que me procuram ou o relato dos casos dos meus alunos que tenho a oportunidade de supervisionar. Entre todos, um me pareceu o mais emblemático. Trata-se de C., solteiro, com apenas 36 anos e uma ampla e variada experiência internacional no ramo dos negócios iniciada aos 24 quando se formou em administração e foi fazer um curso de arte no exterior. Ele teve uma infância feliz e parece ser um adulto também feliz. Sua personalidade se enquadra perfeitamente no que se costuma denominar de *low profile*, mostrando-se uma pessoa alegre, afetiva e disponível, tanto para o grande número de amigos quanto para os familiares. Um dos seus traços mais marcantes é o amor e a gratidão que sente pelos pais e, por extensão, aos irmãos, aos avós e aos tios, com os quais mantém uma relação muito estreita.

Embora se encontre quase sempre na Europa, nunca deixa de passar as datas significativas com a família em uma cidade média do nosso Estado, além de estar sempre proporcionando aos pais, que ainda trabalham, e aos irmãos, que são mais jovens, a possibilidade de passarem em sua casa na Europa uma parte de suas férias. Conversei com C. apenas algumas vezes, o suficiente para ajudá-lo a resolver um problema afetivo que o inquietava há bastante tempo, revelando uma capacidade surpreendente de obter sucesso em uma psicoterapia breve.

O espírito criativo de C. e sua enorme facilidade para lidar com situações novas resultaram de uma identificação dele com o seu pai e deste com o seu avô. O fio condutor dessa transgeracionalidade, como pude constatar ouvindo as histórias de C., sobre ele mesmo, sobre o pai e sobre o avô, consiste em uma capacidade muito simples que se chama "brincar". Oportunamente, lembrou Winnicott que existe uma estreita conexão entre a amizade e a psicoterapia e uma infância suficientemente feliz, e que elas têm em comum a capacidade de brincar, nas suas palavras, "a maior de todas as artes". De acordo com a observação deste destacado analista de crianças, o brincar facilita o desenvolvimento e, portanto, a saúde; ele conduz aos relacionamentos grupais e representa uma forma de comunicação na psicoterapia psicanalítica que, por sua vez, constitui um autêntico começar de novo. Ele considerou o brincar como uma conquista do binômio mãe-bebê, ou como um símbolo da confiança nascida no vínculo com a mãe e o associou com o viver espontâneo, com os sonhos, com as experiências nas quais se põe em jogo o corpo e a mente. Cabe destacar neste ponto que Winnicott ligou claramente a espontaneidade com a criatividade, como se houvesse uma linha unindo o brincar, a espontaneidade e a criatividade, a qual, do meu ponto de vista, inclui a capacidade de começar de novo.

Com base nessas idéias, acredito que os indivíduos cujos pais não os estimularam na infância a agir por conta própria e a não esmorecer diante dos fracassos conseguirão "virar a mesa" mesmo diante das maiores adversidades. Sua tendência será de se acomodar à situação, na expectativa de que, como na infância, alguém lhes resolva o problema.

Como ponto final, retomo a questão do prazer proporcionado pelo começar de novo para reforçar a minha opinião de que ele resulta da revivescência da infância, em particular o brincar e o sonhar. Não será por isso que as pessoas, mesmo em idade avançada, geralmente rejuvenescem quando recomeçam sua vida profissional ou afetiva, colocando em prática antigos projetos?

16

Uma doença chamada família

INTRODUÇÃO

Há vários anos trabalhando como professor e supervisor de cursos de especialização, tenho observado que, quando os psiquiatras e psicólogos se encontram diante de uma criança com uma perturbação de comportamento ou outro sintoma que supõem ter uma origem psicológica, na maioria das vezes, acertadamente, não hesitam em investigar o seu contexto ambiental, concluindo com freqüência que o problema revelado pelo pequeno paciente provavelmente resulta de conflitos de interação do seu grupo familiar. A mesma orientação costumam manter com os adolescentes, embora, à medida que os anos desta etapa da vida vão passando, cada vez mais se afastam desta conduta. Diante de um adulto, a tendência é tomá-lo isoladamente, enquanto a família a que pertence é equiparada a uma tela de suas projeções. Como resultado dessa posição, ao longo do tratamento deste paciente, o terapeuta procura recriar esta rua de mão única, na qual passa a ocupar o lugar inicialmente atribuído à família, sem levar em consideração as projeções da família e as suas próprias projeções no paciente.

A supervisão de uma co-terapia familiar realizada pelos psiquiatras Jorge Tadeu Almeida e Nazur Vasconcellos na Fundação Universitária Mário Martins, durante os anos 1991 e 1992, mostrou-me como um grupo familiar pode *drenar* parte importante de sua tensão interna por meio da produção de um distúrbio emocional que se manifesta em um dos seus membros. Conforme foi possível vivenciar, resistências internas e externas, envolvendo não só o grupo familiar, mas também técnicos e instituição, se organizam e se agigantam com a finalidade de manter a loucura confinada no paciente, embora o material associativo evidencie a participação dos demais familiares no conflito.

Com base nessa enriquecedora experiência, escrevi este capítulo que visa a abordar alguns aspectos do relacionamento familiar que, em maior ou menor escala, é possível observar em quase todas as famílias, configurando o que poderíamos chamar de "conflitos da família real". Trata-se de um tema desafiante e difícil de ser enfrentado, na medida em que temos a tendência a encobrir a família com o manto da idealização. Procuramos manter para os outros e principalmente para nós mesmos uma imagem valorizada dos pais, mesmo quando são agressivos, desinteressados ou mesmo nos odeiam. Isso ocorre porque, para sentir que existimos e temos algum valor, a mínima capacidade que seja, precisamos manter a ilusão de que os nossos pais são capazes de amar e que somos amados por eles. Não obstante, temos de que ter presente que os pais também são filhos e, como conseqüência, frutos das famílias que os criaram.

O DOENTE DA FAMÍLIA

Não são raras as situações em que o grupo familiar leva um dos seus membros a adoecer, e passe a tratá-lo como um *caso,* caracterizando a "neurose sintomática de família". A explicação é simples: assim como um indivíduo pode sentir "dor nas costas" como expressão simbólica do sentimento, que não se permite reconhecer, de se encontrar sobrecarregado pela tarefa de cuidar de um filho com paralisia cerebral ou atender os pais velhos e doentes, descarregando um conflito psicológico não-resolvido através de um dos seus órgãos, da mesma maneira a família pode drenar suas tensões internas por meio de um dos seus membros que se transforma no sintoma da família. Nesses casos, no momento em que o eleito cai doente ou se torna socialmente censurável por beber, usar drogas ou apresentar alguma forma inaceitável de conduta, com freqüência segue-se uma calma notável na atmosfera da família anteriormente conturbada. Um fato interessante é que o agente indutor do sintoma ou da doença costuma ser o membro da família supostamente mais sadio, ou seja, aquele que se considera e, geralmente, é considerado pelos demais como o mais sadio.

Na verdade, ele consegue manter-se aparentemente sadio na medida em que o outro encontra-se manifestamente doente. De uma maneira mais ampla, podemos dizer que uma parte da família escapa ao desencadeamento de uma doença psiquiátrica projetando sobre a outra parte seus problemas não-resolvidos. Essa divisão compensatória de papéis é demonstrada pelo fato de que, quase sempre, a melhora de uma pessoa neurótica leva à emergência ou o agravamento de sintomas na pessoa que está mais próxima dela. Por isso, é freqüente em nossa experiência a reclamação dos familiares de pacientes quando eles apresentam melhoras. Em particular, isso ocorre com aqueles que dependem economicamente da família que, decepcionada, pode tomar a iniciativa de interromper o tratamento. É característica dessa "neurose sintomática de família" a dissociação do grupo familiar e o isolamento de sua parte doente. Um exemplo dramático deste quadro identificamos em W., 18 anos, internado em um hospital psiquiátrico. Ele havia matado o seu próprio pai após uma discussão banal, caracterizando, mais apropriadamente, uma "psicose sintomática de família". O caso lembra o conhecido livro de Gabriel García Márquez intitulado *Crônica de uma morte anunciada*, tendo em vista que W. vinha brigando com o pai e ameaçando-o de morte há várias semanas, sem que ninguém tomasse uma medida, nem mesmo a vítima, que continuou mantendo no lugar onde todos sabiam encontrar-se o revólver com que foi morto. W. encontrava-se hospitalizado há alguns meses sem que o quadro esboçasse o menor sinal de melhora, e a família raramente o visitava. Quando o caso me foi apresentado, eu sugeri que fosse experimentada uma terapia familiar como forma de tentar esbater a sintomatologia psicótica do paciente. Após alguma resistência, a mãe e os irmãos aceitaram participar do tratamento de W. Dificilmente compareciam todos, mas a terapia manteve-se por um tempo prolongado, permitindo verificar através de inúmeras associações, sonhos, atos falhos, atuações e manifestações sintomáticas que, como em *Os irmãos Karamázovi*, de Dostoiévski, o crime fora cometido por apenas um, mas todos, inclusive a vítima, o haviam desejado. A repartição da culpa permitiu a W., em muitas oportunidades ao longo do tratamento, enfrentar a realidade desinvestida pela psicose.

Existem famílias que, de tempos em tempos, necessitam adoecer gravemente um dos seus membros, expelindo-o para o hospício, a cadeia ou o cemitério, como a família de Z., que havia conseguido as três coisas: ela havia feito um surto psicótico e se encontrava internada em uma unidade de internação psiquiátrica, um irmão havia se suicidado e o outro encontrava-se preso por tráfico de drogas. O "sadio" da família era o pai, um homem física e afetivamente distante, voltado integralmente para os seus interesses, basicamente o corpo, o vestuário e o automóvel, sempre o último modelo. Socialmente, era considerado inteligente e educado: um verdadeiro *gentleman*, diziam. Na verdade, ele conseguira canalizar sua parte psicótica nos filhos e, também, na mulher que, embora não bebesse tanto quanto ele costumava beber, era quem portava o estigma de alcoolista. Às vezes, a projeção é mais sutil, não obstante sirva aos mesmos propósitos. Refiro-me àqueles casos em que o indivíduo, embora não seja rechaçado pela família, se torna ocioso no meio de pessoas operosas, pusilânime entre pessoas corajosas, fracassado entre pessoas bem-sucedidas, doente entre pessoas sadias. Nessas famílias, que não são incomuns, o escolhido funciona como depositário dos aspectos não-reconhecidos dos familiares que podem seguir se sentindo melhores, mais fortes, mais capazes, mais hígidos, etc. Por representar uma válvula de segurança, o portador de sintomas é muito importante para a família que não poupa esforços para mantê-lo em sua função. Por vezes, ele é induzido a consultar vários especialistas, inclusive psiquiatras, mas desses que se limitam ao tratamento dos sintomas sem abordar a submissão do paciente em relação ao seu grupo familiar. Nessas configurações familiares, é comum que, após atender o paciente, o psiquiatra receba o telefonema de algum familiar. O pretexto, geralmente, é fornecer alguma informação adicional sobre o caso, mas o contato deverá ser mantido em segredo. Quando o psiquiatra se recusa em participar do conluio familiar, informando que nada poderá ser ocultado do paciente, gera-se um ressentimento e o paciente é induzido a procurar outro profissional.

O LÍDER DA FAMÍLIA

Algumas famílias constroem um mundo neurótico particular, muitas vezes com o auxílio de uma ideologia que serve de anteparo para a tensão interior do conflito neurótico familiar, caracterizando uma "neurose de caráter de família". O exemplo mais típico são as famílias em que todos os membros são muito parecidos: todos são muito religiosos, todos são muito desconfiados, todos são muito avarentos, todos são muito reacionários, todos se encontram ameaçados por discos voadores, etc.

A característica dessas famílias é que o portador de sintomas não sofre nenhum tipo de isolamento, discriminação ou é expulso do grupo familiar. Geralmente, forma-se um conjunto de extraordinária uniformidade, onde não há distinção entre a parte sadia e a parte doente da família. Este conjunto é mantido e até fortalecido pela solidariedade quando um dos membros se torna manifestamente doente. Diferente do que ocorre na neurose sintomática de família, que exclui o membro que adoece, na neurose de caráter da família, este transforma-se em líder do grupo, e os demais se identificam com ele de tal forma que os sintomas passam a ser interpretados como expressão de algo muito valioso, podendo tornar-se o núcleo de uma ideologia paranóide egossintônica. Essa verdadeira "loucura familiar" é originada e sustentada pela influência do membro mais doente, que entraria em colapso se não conseguisse falsificar o quadro da realidade para si mesmo e para o restante da família, que acaba assimilando totalmente e sem crítica esta visão distorcida dos fatos a bem de manter uma relação livre de tensão com o paciente em potencial.

O FADO DE ÉDIPO

De acordo com a mitologia grega, quando adolescente, Laio teria se apaixonado por Crisipo, filho de Pélope, o rei que lhe dera guarida quando da sua fuga de Tebas, invadida após a morte de seu pai, o rei Lábdaco. Enlouquecido pela febre de um amor proibido, Crisipo suicidou-se. Irado, Pélope pede aos deuses que reservem uma desgraça para aquele que tinha sido o culpado da morte de seu filho.

Laio conseguiu reconquistar o trono de Tebas e desposou a linda Jocasta. Passado um tempo, iluminada pela alegria, Jocasta informa ao marido que terá um filho. Laio olha para o ventre crescido da esposa e a angústia se apodera de sua alma. Conturbado, vai até o Templo de Apolo: ele quer saber qual será a sina da criança que está por nascer. O oráculo não omite a resposta: o ser que sua mulher amorosamente alberga em seu corpo matará o próprio pai. No próprio dia de seu nascimento a criança teve os pés perfurados e amarrados, sendo entregue a um servo para ser abandonado em um lugar bem longe para morrer. Penalizado, o servo desobedeceu a ordem recebida e entregou o recém-nascido a alguns pastores encontrados no monte Citerão.

Bólibo, rei de Corinto, e Mérope, sua esposa que não podia ter filhos, ficaram felizes quando os pastores lhes entregaram aquela criança que, pelos pés inchados, recebeu o nome de Édipo. Quando jovem, Édipo ouviu de um bêbado que Pólibo e Mérope não eram os seus verdadeiros pais. Invadido pela dúvida, saiu em busca de sua verdadeira origem. Em uma encruzilhada, próximo a Tebas, Édipo deitou-se à beira da estrada para descansar. Estava quase dormindo quando um servo lhe ordenou que saísse do caminho para dar passagem ao seu amo. Édipo não se moveu. Irritado, o servo procurou lhe atingir, mas sucumbiu a um rápido golpe que, em revide, desferiu Édipo. Ato contínuo, o senhor se adiantou para vingar o servo. Por um instante, Édipo fitou seus olhos profundamente, e uma estranha fúria moveu o seu braço contra aquele que pretendia lhe agredir. Foi apenas um movimento e, lentamente, o oponente caiu banhado em sangue. Sem saber, Édipo acabara de matar seu próprio pai. A maldição de Pélope fizera pai e filho inimigos marcados para o crime e o remorso. Continuando a busca de sua verdadeira origem, Édipo chegou a Tebas, onde foi aclamado como rei e, mais uma vez, sem saber, desposou a própria mãe. Quando descobriu o crime que cometera, furou os olhos para nunca mais desfrutar a beleza da vida.

A pergunta que se impõe é a seguinte: Édipo criou em sua mente esta fatídica família ou cumpriu o papel que lhe fora atribuído pelo grupo familiar?

Diz Bollas que algumas pessoas carregam em sua alma um destino, e outras, um fado. A palavra *destino*, mais ligada à ação, enfatiza a idéia de um curso inalterável de acontecimentos, freqüentemente utilizada no sentido de uma sina favorável, um potencial para a realização pessoal. Uma pessoa pode realizar o seu próprio destino se é afortunada, determinada e agressiva o suficiente. A palavra *fado* enfatiza a irracionalidade e o caráter impessoal dos acontecimentos ou, ainda, o poder que se presume determinar o resultado dos acontecimentos antes que eles ocorram. O fado de Édipo foi determinado pelo oráculo de Apolo antes dele nascer. O mito configura uma transmissão intergeracional, na qual a criança recebe um "mandato" dos seus pais, tendo em vista contrabalançar as tempestades e os riscos de naufrágio da família. Quando um papel é atribuído a uma criança que nasce, dificilmente ela consegue escapar deste fado, constituindo-se em uma maneira de viver ou, mais apropriadamente, de sobreviver, tendo em vista que esta é a única forma em que se sente aceita e protegida. Mais tarde, ao recusar-se cumprir o papel determinado, além da ameaça de abandono e da solidão, o indivíduo terá de se defrontar com os sentimentos de culpa pelo fracasso ou com o sofrimento dos pais e irmãos. Esta obrigação de cumprir papéis para manter o precário equilíbrio do grupo familiar ilustra, provavelmente, a mais característica configuração do que seria apropriado considerar uma doença chamada família.

NOMES PRÓPRIOS

A escolha dos nomes dados aos filhos nunca é aleatória, ela geralmente se relaciona com um fato de expressivo significado afetivo para os pais. Freqüentemente, o nome determina o papel previamente destinado pelos pais ao filho que nasce. Este papel poderá ser substituir um irmão mais velho que morreu, como no caso de Van Gogh, ou outros familiares, principalmente avós e tios. Neste caso, a expectativa dos pais é que o recém-nascido substitua o ente querido, estabelecendo-se desde o início um conflito entre o que o indivíduo é e o que esperam que ele seja.

Também é comum que as famílias escolham para os filhos a profissão que deverão exercer ou o cargo que deverão ocupar e, muitas vezes, este desejo é designado pelo nome. O nome do avô médico pode indicar que a expectativa dos pais é que o filho venha a se formar em medicina, assim como o nome do pai no primeiro filho homem pode indicar que ele deverá ser o seu substituto na direção da empresa. Os nomes podem simbolizar a união dos pais, reunindo pedaços dos dois nomes, assim como o ovo é formado pelo óvulo e o espermatozóide, mas também podem representar a competição dos pais, muitas vezes dificultando a definição sexual da criança. Esta situação é mais evidente quando são dados aos filhos nomes compostos: um feminino e outro masculino. Alguns pais sentem-se profundamente frustrados e deprimidos com o nascimento de um filho do outro sexo, e a forma que o cônjuge encontra para compensá-lo é dar ao filho o seu nome passado para o feminino ou para o masculino dependendo do caso.

O SUCESSOR

Atualmente, está em voga a preparação daquele que deve suceder o fundador das empresas. Isso é mais comum nas chamadas "empresas familiares". Não se trata de nome, mas de cargo para o qual a pessoa é escolhida e, por um tempo que pode ser longo, preparada para ser o que querem que ela seja, o que por vezes não corresponde ao que ela realmente deseja ser, mas seduzida pela posição ou incapaz de dizer não, acaba aceitando. A razão da escolha, quase nunca revelada, na maioria das vezes atende mais aos anseios de perpetuação de quem escolhe do que às ambições de individuação de quem é escolhido. Portanto, um pai não deveria aspirar que os filhos seguissem os seus próprios negócios ou sua profissão, independentemente do crescimento ou do sucesso alcançados. O desejável é que os estimulasse a descobrir os seus genuínos interesses e, como ele, escreverem sua própria história: serem também um fundador.

Por outro lado, não podemos subestimar os sentimentos de culpa despertados por esse processo nos filhos escolhidos e os sentimentos de exclusão despertados nos filhos não-escolhidos, resultando que nenhuma das partes sente-se plenamente satisfeita. Embora seja dito que a questão em jogo é apenas profissional, não envolvendo o lado afetivo, temos de ter presente que é impossível exigir tal racionalidade do ser humano, em particular no contexto do relacionamento familiar. Inevitavelmente, os filhos não-escolhidos para serem os sucessores considerarão o eleito como o único valorizado pelo pai, enquanto eles são os desvalorizados. Ao mesmo tempo, quando o pai dá preferência a um dos filhos para sucedê-lo, na maioria das vezes por razões que somente o seu narcisismo pode explicar, de certa forma ratifica o sentimento de rejeição dos demais, podendo exacerbar a natural competição entre irmãos. A situação se agrava quando a mãe apóia o filho ou os filhos preteridos, procurando compensar as vantagens proporcionadas ao eleito.

Contudo, existem situações em que os pais deixam para os filhos resolverem entre eles o que fazer com a empresa que fundaram e desenvolveram, não almejando interferir no processo de sucessão. Quando a situação é resolvida desta forma, todos os filhos se sentem igualmente reconhecidos e respeitados em suas individualidades pelos pais. Obviamente, haverá casos em que esta solução promoverá um conflito entre os filhos, mas provavelmente ele será menor do que aquele que a indicação de uma preferência por parte dos pais deflagraria.

O ACOMPANHANTE

V. é o mais velho: ele tem 38 anos. Seus irmãos têm 36 e 34. Apesar da pequena diferença de idade entre os três, o relacionamento que o pai mantém com eles é muito diferente. Quando ainda era criança, V. foi escolhido pelo pai para substituí-lo quando este morreu. Freqüentemente, constituindo um típico ato falho, o pai chamava ou apresentava V. aos amigos como sendo o seu pai, na mesma medida em que seguia tratando os outros dois adequadamente como filhos. Não havia consciência deste arranjo familiar, mas, diante de qualquer recusa de V. em atender uma solicitação do "pai-filho", era criticado por todos e se sentia muito culpado. Apesar de abastado, o pai perdeu tudo o que possuía e, muito cedo, passou a depender de V., ao qual não hesitava em pedir tudo o que desejava. Quando outro filho se oferecia para ajudá-lo, geralmente ele não aceitava, mesmo se precisasse, preferindo solicitar a V. Às vezes, era o próprio dinheiro que recebia do "filho-pai" que utilizava para adquirir presentes para os "filhos-filhos". Como é fácil concluir, este pai, em sua relação com o filho mais velho, mantinha um funcionamento marcadamente adolescente, acrescido de uma sintomatologia fóbica bastante pronunciada. Pelo papel que desempenhava dentro do grupo familiar, V. foi eleito pelo pai para ser o seu acompanhante fóbico, situação que lhe colocava em uma posição de submissão em relação às necessidades paternas. Em uma oportunidade que V. se queixou para um dos irmãos que estava sentindo-se muito sobrecarregado, ouviu dele o seguinte: "Não está fazendo nada mais do que cumprir a sua obrigação!" Compensatoriamente, V. é o mais competente e o que obteve mais sucesso profissional entre os irmãos.

CASAMENTOS POR ENCOMENDA

Existe um idioma dentro de cada grupo familiar que estabelece a comunicação intergeracional. Por este meio, as dificuldades e os anseios dos pais são transmitidos aos filhos. É do conhecimento de qualquer psicólogo, psiquiatra ou psicanalista que os indivíduos, de acordo com o seu sexo, de certa forma procuram casar com uma pessoa que tem algum aspecto importante do pai ou da mãe, e têm muito claro as razões desta tendência inconsciente. No entanto, não são apenas as fantasias incestuosas desses indivíduos que participam dessa escolha, mas também os desejos transmitidos dos pais. Muitas vezes, os filhos se sentem maus e ameaçados de abandono se não atendem a esses desejos mesmo não sendo a escolha integralmente do seu agrado. Um exemplo é o caso de M., cuja mãe entrava em depressão sempre que ela brigava com o noivo e ameaçava não se casar com ele. A mãe de M. gostaria de ter casado com o pai do noivo da filha e, desta forma, passado a integrar a família mais importante da cidade. Quando ocorre uma situação desta natureza, é comum que o indivíduo acabe realizando o casamento encomendado pelos pais. Foi o que aconteceu com L., cujo noivo era evidentemente desejado sexualmente por sua mãe, uma mulher jovem e bonita que se encontrava divorciada há alguns anos. L era muito imatura e não conseguiu manter por muito tempo o seu casamento. Embora a iniciativa da separação tenha sido do marido, a mãe de L. jamais a perdoou por não ter se esforçado o suficiente para reverter a situação. Ela não aceitou nenhum dos namorados que L. teve depois da separação e se afastou definitivamente dela quando casou novamente, apesar de a filha dar demonstrações de se encontrar mais feliz neste relacionamento do que no primeiro. Tanto quanto as mães, os pais também ambicionam realizar suas fantasias através dos filhos. Cito um exemplo: em vários relacionamentos, B. pode observar que o pai procurava sexualizar a comunicação com suas namoradas, demonstrando grande satisfação quando se sentia correspondido. No entanto, B. casou-se com uma mulher que, fora da relação exclusiva com ele, se mostrava muito fechada. Alegando que ela havia virado o rosto quando foi beijá-la, no dia do casamento do filho brigou definitivamente com a nora, passando a cumprimentá-la, quando era impossível evitar, apenas com bom dia, boa tarde e boa noite.

SEPARAÇÃO E PERDA DA FAMÍLIA

Todas as pessoas, inevitavelmente, um dia perdem sua família de origem, embora permaneça em suas lembranças e em suas identificações. Antes disso, o indivíduo deve, progressivamente, ir separando-se dela para dar origem a uma nova família. Sendo assim, quando ajudamos a prole a se independizar, não estamos preparando apenas filhos, mas também pais. Mas isso não se faz com facilidade. Somente pais independentes conseguem ajudar os filhos a se tornarem independentes. Pais fóbicos, como o exemplo citado acima, estabelecem limites muito exíguos para os filhos porque projetam neles seus temores. Uma mãe com esta característica, enquanto teve os filhos sob sua guarda, evitou de todas as maneiras férias na praia porque temia que eles viessem a se afogar. Ela também evitou que estudassem em um colégio que organizava passeios em grupo com os alunos porque tinha medo que não os cuidassem adequadamente e ocorresse uma desgraça. Um dos filhos desta senhora manteve-se muito preso a ela até se casar, quando então passou os seus "indispensáveis cuidados" à esposa. O outro filho, que, quando criança, resistia mais ao controle da mãe, na adolescência, saiu a viajar pelo mundo de carona e, por muitos anos, não parou de andar. Acabou fixando-se em um país distante do seu e poucas vezes voltou para visitar a família. Não teve dificuldade de dizer que temia ser envolvido pela teia familiar e nunca mais conseguir sair dela. A realidade é que se tratava de uma mãe tolerante, muito dedicada e excessivamente bondosa. Desta forma, ela procurava manter os filhos próximos e dependentes.

Não raro, um homem fóbico casa-se com uma mulher fóbica, tornando-se um acompanhante do outro. Mais tarde, esta tarefa pode ser transferida aos filhos. Em uma família, o filho tornou-se o acompanhante fóbico do pai, e a filha, da mãe. Na vida adulta, ambos procuraram uma ajuda psicoterápica. A filha, além disso, presa a uma relação simbiótica com a mãe, não conseguiu se desenvolver profissionalmente, não conseguiu se casar, não conseguiu sair da casa dos pais e também não conseguiu levar até o fim sua psicoterapia. O irmão, um pouco mais moço, ao contrário, muito cedo se estabilizou profissionalmente, casou-se e teve filhos, adquirindo total independência dos pais. Em seu tratamento, foi possível constatar que, na verdade, apressara-se em escapar da dependência do pai, que necessitava de sua ajuda para se deslocar ou permanecer em seu escritório. Apesar dessa necessidade, felizmente para este paciente, o pai jamais insistira para que seguisse a sua profissão, apoiando sua inclinação por outra área profissional. No entanto, cabe registrar que a profissão escolhida por ele era exatamente aquela que o pai gostaria de ter abraçado se a neurose fóbica não o tivesse impedido, conforme reconheceu mais tarde. Apesar das dificuldades, esta coincidência revela a boa identificação do filho com o pai e, também, um aspecto amoroso do último, ao não bloquear o filho em algo que, apesar de desejar, não conseguira atingir. Esta particularidade foi fundamental para que o filho se saísse melhor na vida do que a filha. Apesar disso, ele permaneceu com um sentimento de culpa em relação ao pai que, depois do seu afastamento, começou a se retrair profissionalmente, tornando-se inativo após algum tempo.

NÃO OLHE PARA TRÁS

Existem situações em que os pais competem frontalmente com os filhos, não tolerando que se desenvolvam mais do que eles, que conquistem o que não conseguiram conquistar e, principalmente, que sejam mais independentes e desfrutem a vida mais do que tiveram a possibilidade de fazê-lo. Um pai que não conseguiu ir muito longe por ter medo de embarcar em um avião, costumava desfazer do filho, de 30 anos: "Só se é agora que perdeu o medo. Você sempre foi medroso!". Uma mãe com a mesma dificuldade costumava dizer aos filhos, todos adultos: "Não vejo razão para andar naquela altura 12 horas no escuro para passar alguns dias em Paris...". Não podemos subestimar a influência desses comentários desanimadores na vida emocional das pessoas. Eles se encontram relacionados com a dificuldade de muitos casais de desenvolverem uma vida própria, independente dos filhos. Alguns pais dedicam-se exclusivamente ao cuidado da prole e ao trabalho e, quando se aposentam e os filhos se tornam adultos e saem de casa, ficam sozinhos, muitas vezes sem amigos e o pior, sem uma tarefa que desperte sua criatividade e os envolva afetivamente. As amizades e a ocupação com uma atividade que mantenha o vínculo com as pessoas e com a vida fora de casa, promovendo a auto-estima e o reconhecimento, constituem os ingredientes indispensáveis para aceitar a independência dos filhos e enfrentar o envelhecimento.

No entanto, o aspecto que mais freqüentemente encontra-se por detrás das dificuldades de aceitar a saída dos filhos de casa é o relacionamento afetivo do casal ou, mais precisamente, a impossibilidade de os cônjuges permanecerem sozinhos, enfrentarem o ódio que nutrem um pelo o outro ou simplesmente a realidade de que não se amam, tendo permanecido juntos apenas para desfrutarem, por identificação, as várias etapas do desenvolvimento dos filhos. Um exemplo marcante é o de F., uma mulher com 30 anos, de classe social elevada, casada com um empresário bem-sucedido e mãe de dois filhos, que procurou tratamento devido a uma compulsão. Embora gostasse do marido e mantivesse com ele relações sexuais satisfatórias, apresentava um comportamento repetitivo incontrolável que consistia em se arrumar de maneira atraente, sair a passear sozinha, atrair o interesse de um desconhecido e acabar em um motel com ele. Esta conduta, que lembra o conhecido filme *La belle de jour* (Luis Buñuel,1967), apresentava uma motivação inconsciente fácil de ser entendida. Apesar de charmosa e sedutora, F. era uma mulher imatura e dependente, incapaz de tomar qualquer iniciativa sem consultar a mãe. A rigor, desde o nascimento, ela jamais havia saído do lado da mãe, e, ao casar-se, ocupou um apartamento no mesmo prédio em que viviam os pais. O marido, muito valorizado por sua mãe, era um homem em busca de uma família que substituísse a sua, perdida na infância devido à morte dos pais em um desastre aéreo. Por esta razão, não se esforçou em retirar F. da casa dos pais, mas ao contrário, integrou-se à sua família. Com a ajuda do tratamento e também do marido, F. conseguiu afastar-se da mãe, indo morar em outro prédio. Simultaneamente, esbateu-se a compulsão de relacionar-se sexualmente com outros homens além do marido, atitude que representava o seu anseio de independência. Passado algum tempo da alta de F., o terapeuta foi procurado pelo seu pai, um homem de 62 anos que, segundo disse, ficou muito satisfeito com o tratamento da filha e, tendo em mente separar-se da mulher, desejava saber se esta medida não poderia prejudicá-la. Ele referiu que há muitos anos ele e a mulher não mantinham relações sexuais e que não tolerava permanecer em casa sozinho com ela. A presença permanente de F., do marido e dos netos encobria essa dificuldade de relacionamento, por isso era aceita e mantida. Este homem foi capaz de se dar conta de que, independentemente da dificuldade de F. de se separar da mãe, ela desde pequena desempenhava o papel de mediadora do relacionamento dos pais. Eles não costumavam falar entre si, mas através ou em função de F. que, inconscientemente, sabia que o seu afastamento cessaria a comunicação entre eles e sentia-se culpada sempre que imaginava abandonar o seu papel. Seus programas com desconhecidos devem ser entendidos como um sintoma, ou seja, um acordo entre o desejo de sair da casa dos pais e a obrigação de cumprir o mandato que os pais haviam lhe outorgado, a fim de evitar a culpa, a decepção e o abandono.

Pelo menos algumas doenças chamadas família poderiam ser evitadas se os pais fossem capazes de repetir para seus filhos a recomendação que fez Alfredo, o personagem do filme *Nuevo Cinema Paradiso* (Giuseppe Tornatore, 1989), ao menino que lhe tomou como pai substituto quando já se tornara um adulto: "Todos temos uma estrela para seguir... Vá embora! Não volte! Não olhe para trás! Ame tudo o que fizer como amou a cabine do *Paradiso* quando você era criança". Com isso, ele quis dizer que o passado deve ser buscado no futuro, e não no presente, para que possa existir na vida movimento, crescimento e ilusão, fundamentalmente de se reencontrar com os objetos e as vivências do passado. Quem sabe seja esta a única forma de se chegar ao fim da vida com alguma esperança. Quando se busca o passado no presente, a única vivência possível é a estagnação, a falta de esperança, a morte antecipada.

COMENTÁRIOS

Através da expressão "uma doença chamada família", procurei enfatizar a questão dos papéis atribuídos aos membros da família, principalmente os filhos, às vezes antes mesmo de nascerem. Com o tempo, esses papéis inscrevem-se no inconsciente e se transformam em modelos estáveis de relacionamento. Embora gerem limitações e sofrimento, geralmente eles não são modificados porque despertam sentimentos de culpa e medo de abandono. Eu coloquei o acento tônico nas fobias dos pais, porque percebo uma dificuldade dos terapeutas, de maneira geral, em identificá-las e valorizá-las no quadro apresentado pelos pacientes, apesar de representar uma patologia freqüente.

Não é meu objetivo preconizar o tratamento de família para todos os casos, mas apontar para a importância das relações familiares na etiologia dos sintomas apresentados pelos pacientes, conforme ensinou Freud por meio de minuciosas descrições do relacionamento familiar dos casos que selecionou para assentar as bases do conhecimento psicanalítico. O desinteresse pela compreensão do universo temporal e espacial do paciente representa, a meu ver, uma simplificação empobrecedora de alguns tratamentos atuais.

Com a inclusão do encaminhamento da sucessão das empresas familiares neste capítulo, eu procurei chamar a atenção para o potencial de "doença familiar" que esta medida encerra, não desconsiderando o grande número e casos bem-sucedidos do ponto de vista da satisfação e da realização pessoais. A razão deste resultado favorável provavelmente resida na estrita obediência ao fundamental princípio de que, em primeiro lugar estão os filhos e, em segundo lugar, a empresa, por melhor, maior e mais lucrativa que seja. Penso que às empresas que crescem com a participação de todos os membros da família, em especial quando se observa um bom nível de identificação, de afinidade e de respeito à diferença de gerações, a questão sucessória tem uma tramitação quase que natural. Por último, temos de levar em consideração a particularidade de cada caso e também a personalidade dos envolvidos, levando as formas mais adequadas, às vezes, a não darem certo e as aparentemente mais inadequadas a alcançarem um resultado satisfatório.

17

Sobre a finitude

Não seria melhor dar à morte o lugar na realidade e em nossos pensamentos que lhe pertence apropriadamente?
S. Freud, 1915.

INTRODUÇÃO

No dia em que faleceu sua avó, N. comunicou à filha de 4 anos o que havia ocorrido. Após responder a algumas questões relacionadas com o fenômeno da morte, o pai perguntou à menina se desejava ver o corpo da bisavó, com a qual mantivera um relacionamento muito estreito e afetuoso. Informada, previamente, do que iría encontrar, solicitou ao pai que a levasse até o local do velório. Entrou no colo do pai na sala em que se encontrava o caixão e desejou se aproximar da morta, olhando por algum tempo o seu rosto e tocando levemente uma de suas mãos. O pai perguntou se desejava permanecer ali ou retornar para casa. Ela optou por voltar para casa, onde se manteve bastante tranqüila. Quando N. retornou do enterro, ela perguntou se a bisavó já havia sido enterrada, conforme o pai lhe explicara que iría ocorrer.

Evidentemente, não é possível atribuir à referida experiência a capacidade de lidar com as perdas demonstrada por esta menina ao longo dos 20 anos que se passaram, em particular porque tudo indica que o pai agiu de maneira idêntica em outras oportunidades. Na verdade, ao descrever a situação, N. pretendeu enfatizar o que significou para ele aqueles poucos minutos em que esteve com a filha no colo ao lado do caixão de sua avó, despertando a atenção do grande número de pessoas presente ao velório. A atmosfera tornou-se pesada, e N. sentiu-se como se dos olhos de todos saíssem em sua direção flechas de reprovação. Quando retornou ao velório, após levar a filha para casa, percebeu que familiares e amigos evitaram se aproximar e lhe dirigir a palavra, como se fosse portador de uma doença contagiosa. Qual foi o motivo desta reação?

O NARCISISMO FERIDO

A criança levada pelo pai ao velório representou, por identificação, a parte infantil dos presentes colocada diante da realidade da morte. A reprovação manifestada indica que as pessoas se sentiram traídas por N. que, como os demais, deveria participar de uma representação de enfrentamento da morte, tendo em vista que os cerimoniais, como o velório, tem o objetivo de eludir, dissimular a realidade. A solução encontrada pelo grupo foi projetar em N. a imagem do demônio, aquele que carrega a morte, e mantê-lo afastado.

O narcisismo universal do homem, o seu amor próprio, teve seu primeiro golpe com Copérnico, ao provar que a Terra não era o centro do Universo. Depois do golpe cosmológico determinado pela comprovação da teoria heliocêntrica, foi a vez do biológico, através de Darwin, pondo fim à pretensão do homem de possuir uma ascendência divina que o distinguia dos demais representantes do reino animal. O terceiro golpe foi o psicológico, para o qual contribuiu a psicanálise com a descoberta da vida instintiva e do inconsciente dinâmico, tendo o homem de reconhecer que "o ego não é o senhor da sua própria casa". Não obstante, é provável que o quarto e mais aterrador impacto sobre o narcisismo do ser humano se constitua na aceitação de sua transitoriedade.

TRANSITORIEDADE

Em 1915, Freud escreveu um artigo intitulado "Sobre a transitoriedade", no qual relata uma caminhada que empreendera em um dia de verão através de campos sorridentes na companhia de um poeta famoso. Ele admirava a beleza do cenário, mas não extraía disso qualquer alegria. Perturbava-o o pensamento de que toda aquela beleza estava fadada à extinção, de que desapareceria quando sobreviesse o inverno, como toda a beleza humana e toda a beleza e esplendor que os homens criaram ou poderão criar. Tudo aquilo que, em outra circunstância, ele teria amado e admirado pareceu-lhe despojado de seu valor por estar fadado à transitoriedade.

Na verdade, o acompanhante de caminhada de Freud estava referindo-se à finitude da vida, à sua fragilidade e à incapacidade de determinar a própria existência, empanando todas as lembranças agradáveis, todos os prazeres presentes e os maravilhosos planos para o futuro, colocando o ser humano diante de um profundo sentimento de impotência.

Não pudemos evitar a realidade de que nenhum indivíduo, em qualquer etapa do seu desenvolvimento e, pelo que tudo indica, em todos os estágios da cultura, é capaz de evitar a revolta, o desalento e a impotência, quando não o temor, ao enfrentar-se com a inevitabilidade da morte. Relacionados com esses sentimentos, com facilidade identificamos a origem do espírito guerreiro de alguns, do exagerado pacifismo de outros e da submissão antecipatória à realidade da morte de tantos.

Entretanto, o processo a que, aparentemente, o homem com mais freqüência recorre para se defender da sua constitucional impotência – processo este que se encontra inserido na cultura de todos os povos – é, sem qualquer sombra de dúvida, a negação da morte. Através deste mecanismo, o homem – e a humanidade como um todo – defende-se dessa assustadora ameaça e, ao mesmo tempo, irônica e paradoxalmente, como uma decorrência inevitável, mantém uma conduta que se revela, muitas vezes, propiciadora da morte.

A idéia da morte, o temor a ela, persegue o homem em toda a sua história como nenhuma outra coisa. A morte é um dos grandes incentivos da atividade humana, em grande parte destinada a evitar a fatalidade da morte, a vencê-la negando, de algum modo, ser ela o destino final de todos os seres vivos. Os povos primitivos festejavam a morte não porque a aceitavam, mas porque acreditavam representar a promoção definitiva, a última ascensão ritual a uma forma superior de vida, à fruição de alguma espécie de eternidade.

A negação da morte sob a forma de um triunfo maníaco, tal como foi descrita, também é observada no mito do herói desde os tempos primitivos e antigos. O herói era o homem que podia ingressar no mundo dos espíritos, no mundo dos mortos, e voltar vivo. Ele teve seus descendentes nos cultos misteriosos do Mediterrâneo oriental, que eram cultos de morte e ressurreição. O próprio cristianismo foi um concorrente dos cultos misteriosos e saiu vencedor – entre outras razões – porque também apresentava um curandeiro com poderes sobrenaturais que se erguera dos mortos.

A FANTASIA DA VIDA ETERNA

Por muito que remontemos na história, notamos não ter o homem jamais acreditado que tudo acabasse com a morte. As mais antigas gerações, muito antes de existirem filósofos, já fantasiavam uma existência depois da morte bem mais longa do que a nossa curta vida. Votos aos mortos de uma feliz existência embaixo da terra eram comuns nas cerimônias fúnebres de diversos povos. A convicção sobre a continuidade da vida era tão grande que, na Antigüidade, além de enterrarem com o morto objetos que julgavam de que viesse a precisar, colocavam no túmulo vinho e alimentos para lhe mitigar a sede e a fome.

É interessante observar que a mesma fantasia que hoje existe a respeito do Céu, os antigos tinham sobre a vida embaixo da terra. Eles acreditavam na existência de uma região subterrânea, infinitamente mais ampla do que o túmulo, onde todas as almas se reuniam para viver juntas, sendo as penas e recompensas distribuídas segundo a conduta que o homem tivera durante a vida. De acordo com o historiador Fustel de Coulanges, esta religião dos mortos parece ter sido a mais antiga que existiu, levando a pensar que foi através da morte que o ser humano pela primeira vez teve a idéia do sobrenatural e quis tomar para si mais do que lhe era legítimo esperar da sua qualidade de homem. Portanto, é provável que a morte tenha sido o primeiro mistério da humanidade, colocando o homem no caminho de outros mistérios. Dessa forma, elevou o seu pensamento do visível ao invisível, do transitório ao eterno, do humano ao divino.

ANGÚSTIA DE MORTE

Parece-me interessante a concepção de Abadi de que a angústia de morte resulta, fundamentalmente, das fantasias inconscientes a respeito da própria morte, acrescentando que essas fantasias são equiparadas e reproduzem as experiências intra-uterinas, o trânsito do nascimento e a vida pós-natal. Sendo assim, cada indivíduo reproduziria na fantasia a situação da mãe grávida que contém uma criatura destinada a se desprender dela em algum momento e transcendê-la: representação da alma.

Evidenciada na cultura mediante inúmeras expressões muito conhecidas, e na clínica, principalmente através de sonhos, a equiparação da morte com o nascimento representa mais uma forma de o homem negar a morte. Embora o central da vida humana seja a noção de sua precariedade, ou seja, o conhecimento da inevitabilidade da morte, esse conhecimento tem características particulares: além da ambivalência assinalada, trata-se de um conhecimento no qual não se acredita mais do que intelectualmente, carecendo, portanto, de conteúdo vivencial e de experiência subjetiva que o sustente. Corresponde a dizer que sabemos da iniludibilidade da morte, mas cremos na sua iludibilidade.

Devido ao fato de o homem jamais ter vivenciado a sua própria morte, segundo Freud, ela carece de registro no inconsciente, razão pela qual somente tememos que ela venha ocorrer como uma expressão da ameaça primeva de castração paterna. Esta conclusão se aproxima do sofisma de Epicuro sobre a inexistência da morte: "Enquanto eu existo, ela não é; quando ela for, eu não existirei". Na verdade, o temor da morte é tão intenso que o homem, mesmo negando a sua realidade mediante a fantasia de uma existência *post mortem*, teme por esta experiência, conforme atestam as idéias relacionadas com inferno, almas penadas, etc. Diferentemente de Freud, Klein considera que nada é mais precoce, intenso e ameaçador para a espécie humana do que a sensação de aniquilamento produzida pela vivência da pulsão de morte que, junto com a pulsão de vida, está presente na mente humana desde o nascimento. A autora não comparte com o enfoque de Freud porque suas observações mostraram que há no inconsciente um temor de aniquilação da vida, concluindo que a ansiedade do homem tem origem no medo da morte. De acordo com esta linha de pensamento, a impotência diante da morte é a mais profunda fonte de ansiedade do ser humano, sua angústia fundamental, e todas as demais formas de ansiedade são secundárias não só em importância, mas também na ordem cronológica de aparecimento. Desta forma, os temores que, através das múltiplas e cambiantes situações de perigo, ameaçam o indivíduo não são outra coisa que metamorfoses do medo da morte. Por essa razão, o homem procura manter afastada da consciência a realidade da morte, que é negada mediante a cisão entre a função intelectual e o processo afetivo. Por este meio, é possível falar sobre a morte, ou vê-la, como acontece nos velórios, desde que o seu significado afetivo mantenha-se afastado da consciência. De certa forma, agimos em relação à morte como as carpideiras, que eram contratadas para chorarem nos enterros: não a sentimos verdadeiramente. Dito de outra forma: sentimos através das palavras, mas não por meio dos afetos. Ou seja, mesmo quando falamos na morte a estamos negando. Para muitos, esta é uma condição necessária e indispensável para aceitarmos a efemeridade da vida. No entanto, a negação da morte determina um certo desprezo pela vida, enfraquece o esforço de preservação e revela a existência de um comportamento destrutivo no narcisismo humano, exacerbado pela dependência e impotência infantis. A onipotência é a expressão deste componente destrutivo presente na negação da morte, mas, para sobreviver, o homem precisa reconhecer a sua finitude. Essa realidade constitui o mais fundamental paradoxo da existência humana.

PSICOLOGIA DOS GRUPOS

Freud estudou as características dos dois maiores e mais importantes grupos artificiais: as igrejas (comunidades de crentes) e os exércitos. Cabe destacar o papel social que desempenham essas duas organizações, às vezes tão distantes uma da outra, às vezes tão próximas. Embora distintas em suas funções, insígnias e pregações, atendem, ambas, a uma necessidade individual peremptória: negar a morte.

Na verdade, tanto as igrejas quanto os exércitos seriam, utopicamente, dispensáveis em um estágio de desenvolvimento avançado da civilização, caracterizado por uma autêntica aceitação da morte. No entanto, nos encontramos longe desse ideal. Mantemos a ilusão das religiões e dos exércitos para que nos ofereçam uma idéia alternativa de morte: sua banalização, mais fácil de ser tolerada. Nesse processo, na mesma medida, a vida também é banalizada em nome de valores abstratos superiores: Deus e Pátria, pelos quais nos dispomos a morrer, como são exemplos os sangrentos conflitos em várias partes do mundo que nos são mostrados pela televisão diariamente. Assim, procuramos enganar o inexorável destino de todo o ser humano, pois, ao nos entregarmos em holocausto por Deus e pela Pátria, o que desejamos é nos eternizar como santos ou como heróis.

Em contrapartida, a plena aceitação da morte poderá levar o ser humano a não hesitar em empenhar todos os esforços para valorizar e preservar a vida, dentro da realidade, pelo maior tempo possível. Somente quando atingir este nível de desenvolvimento, a humanidade, com justiça, poderá então se considerar civilizada. Em outras palavras, com a aceitação da morte, quem sabe possa o ser humano vir a se tornar civilizadamente *neurótico*, uma vez que não terá condições de evitar um certo nível de angústia imposto pelo próprio reconhecimento dessa realidade que, por outro lado, é o único meio de que dispõe para sair da situação *psicótica* em que se encontra atualmente, como atestam as guerras e, principalmente, a fabricação de armas nucleares capazes de pôr fim à sua existência.

AS GUERRAS

O temor da guerra, que decorre do reconhecimento e da aceitação da morte, como enfatizou Freud em sua correspondência com Einstein, representa um avanço necessário e indispensável da cultura para que a humanidade possa enfrentar o problema da sua própria destruição em conseqüência de uma explosão de bombas nucleares.

No entanto, o ser humano, desde épocas primitivas, insiste em negar maciçamente a realidade da morte e, como resultado, a sua noção interna a respeito de uma catástrofe nuclear tem a precariedade de uma mente pouco desenvolvida, independentemente do nível intelectual que tenha atingido. Nesta matéria, infelizmente, pouca diferença faz se ele é um sábio ou um ignorante. A morte negamos todos, pertençamos a uma tribo indígena ou a uma sociedade desenvolvida. Por isso, as guerras sempre existiram e continuarão a existir até o dia em que aceitarmos a morte individual como inevitável e a curta duração da vida como a nossa única existência, ou, do que não estamos livres, até o dia em que os mísseis atômicos forem disparados, quer isso ocorra por uma decisão governamental ou um simples acidente.

Se aceitarmos a realidade de que o mundo não se encontra dividido entre pessoas que são boas e que, portanto, não querem a guerra nuclear e pessoas que são más e desejam a destruição da humanidade, teremos de nos render a outra realidade: a existência de um pacto inconsciente de morte firmado entre todos os seres humanos, pacto este que se encontra na iminência de se cumprir por meio de uma guerra nuclear. Penso que, embora apavorante, se desejarmos realmente preservar a vida, não devemos nos omitir de considerar essa possibilidade, pois nada é mais perfeito para negar a morte do que a própria morte. De acordo com este raciocínio, a negação da ameaça nuclear seria a forma de a humanidade "ingenuamente" preparar o terreno para a sua própria aniquilação. Tendo em mente este objetivo, ela inverte o dito "aquilo que não existe, eu não temo" para "aquilo que eu não temo, não existe".

UM EXEMPLO DE VIDA

A negação da morte e a fantasia da vida eterna nos levam a subestimar o tempo precioso da vida. O caso de D. ilustra esta afirmativa: diante do meu comentário de que a depressão que se encontrava devia-se ao fato de o sócio ter se apropriado indevidamente de uma elevada importância de sua empresa, o paciente ponderou que me encontrava redondamente enganado sobre as motivações do seu sofrimento. O que o deprimia não era o dinheiro que havia perdido, pois embora fosse muito, ele poderia ganhá-lo novamente. Sentia que tinha capacidade para tanto. O verdadeiro motivo da sua depressão era o tempo da sua vida que perdera com aquela pessoa: um tempo que ele não poderia jamais recuperar.

Diante dessa consideração, dei-me conta da excepcional capacidade de aceitação da finitude da vida revelada por D. A negação que pudesse fazer da morte não o mantinha tão afastado da realidade da vida. Aprendi com este paciente que a preocupação tão comum com as perdas materiais expressa em meu comentário constitui uma forma de negar a exigüidade da nossa existência. Disse-me ainda: "Que diferença vai fazer mais ou menos 200 mil reais para um homem de 60 anos com os filhos criados e independentes, casa própria e outras garantias que ultrapassam as necessidades de mais 20 ou, no máximo, 30 anos de vida confortável e sem preocupação financeira?". Senti-me diante de um homem com os pés no chão e convicto de uma realidade que a maioria dos seres humanos procura negar: a vida tem fim!

COMENTÁRIOS

Em 1895, Charles Darwin publicou *A origem das espécies*, obra que se tornou a base da biologia moderna, estabelecendo que a vida evoluía por meio da seleção natural. A teoria evolucionista de Darwin entrou em conflito com a teoria criacionista, que prevê um desenho inteligente da vida feito por uma entidade superior, em outras palavras, postula a idéia da existência de Deus como criador do homem. Apesar da beleza existente no modo como a ciência explica a vida, o ser humano se recusa a aceitar seu humilde lugar entre os seres vivos, optando por uma origem divina como um conforto diante da inevitabilidade da morte. As religiões surgiram como uma forma de lidar com a transitoriedade da nossa existência e se manterão enquanto não aceitarmos a realidade de que não somos eternos e que a morte é, sem dúvida, e definitivamente o fim da vida.

Muitas pessoas dizem "eu não posso aceitar que tudo acabe assim tão subitamente com a morte e não exista nada depois dela". Uma forma de sustentar a expectativa de uma existência após a morte é acreditar que a vida não poderia ter surgido do nada, um ser superior e eterno a teria criado, representando esta entidade uma projeção da nossa onipotência, que surge como defesa contra o nosso desamparo e a nossa fragilidade. A origem humana dessas figuras superiores se revela na semelhança com os nossos pais, só que idealizados e dotados de poderes sobrenaturais.

Muitos vêem na crença da existência de Deus uma demonstração de humildade, mas, ao esperarem como retribuição a seus sacrifícios fé, bondade e vida eterna, não estariam revelando uma dificuldade narcísica de aceitar o que realmente somos: simples mortais? Contudo, não desfrutaríamos a vida de uma forma mais proveitosa se pudéssemos acatar que, na verdade, nada existe depois dela? Deixando de contar com uma entidade divina para nos proteger, a qual, onipotentemente, consideramos mais nossa do que dos seguidores das outras religiões, mais nossa do que de outros povos, será que não nos identificaríamos mais com os nossos semelhantes, aos quais dedicaríamos de forma mais maciça o nosso amor e a nossa compreensão? Não saberia responder, mas me parece que a perspectiva da eternidade pode destituir de significado nossa passagem nesta vida. M., o paciente referido inicialmente, não quis privar a filha de 4 anos da realidade que a vida é finita. É provável que ela possa desfrutar com mais prazer do que o poeta citado por Freud a beleza de uma caminhada através de campos sorridentes em um dia de verão, mesmo sabendo que toda aquela beleza estava fadada à extinção. Ou, quem sabe, por isso mesmo...

18

Encontros e desencontros

INTRODUÇÃO

O nome era Moacyr Danilo Rodrigues, Juiz de Menores de Porto Alegre no início da década de 1980. Ele escreveu alguns artigos sobre adoção, e eu também. Acabamos sendo convidados para participar de uma mesa-redonda sobre o tema na Associação Médica do Rio Grande do Sul: ele falando sobre os aspectos legais, e eu, sobre os aspectos emocionais da adoção. Surgiram outros convites, inclusive do interior do estado. Ele era um entusiasta da adoção, particularmente de crianças em situação irregular, e defendia a adoção por estrangeiros, assunto bastante polêmico na época. Afirmava que o importante era que alguém tomasse aos seus cuidados crianças institucionalizadas que, por uma razão ou outra, ninguém as queria, concluindo poeticamente que pouco importa a língua em que se diga "eu te amo!".

Estou descrevendo um encontro, ocasional como todos os encontros, que gerou uma amizade e um trabalho conjunto em favor da adoção. Meu objetivo é desenvolver algumas idéias sobre esse tema e comecei pelo relato de um encontro porque sou da opinião de que a adoção deve ser vivida tanto pelos adotantes como pelos adotados como um encontro, que é uma experiência diferente de ser pai ou filho de alguém, situação que não oferece qualquer mistério. Contrariamente, o encontro é um enigma, como o de Édipo, um adotado. Viver a incerteza da própria origem costuma ser um peso a mais a carregar na trajetória da vida, mas não devemos subestimar as palavras de Einstein quando disse que "são os domínios do mistério que prometem as mais belas experiências", concedendo à adoção o lugar que ela merece: um ato de incontestável conteúdo humano.

Se a adoção é um encontro, o que leva a este encontro é um desencontro com a ordem natural da vida, experimentado tanto pelos adotados quanto pelos adotantes. Contudo, não podemos negar que ela também é a causa de muitos desencontros, cujo número, pelo que me parece, tem diminuído desde quando passei a me interessar por este assunto, há 25 anos. Acredito que contribuiu de forma significativa para esta mudança algo que já não se pode mais esconder que é a verdade, pois, na era da comunicação, ela não se deixa calar e se encontra por todas as partes. Neste processo de esclarecimento e de discussão mais aberta da adoção, profissionais ligados a esta área no Judiciário, no Ministério Público e na Saúde, incluindo psiquiatras, psicólogos e assistentes sociais, com toda a certeza também prestaram sua contribuição, como foi o exemplo anteriormente citado, protagonizado por um juiz de Direito, depois desembargador, que além disso era um notável poeta. Quem sabe por essa razão ocorreu-me dar a este capítulo o título de "Encontros e Desencontros", o mesmo de um livro de poesias que meu pai, conhecido por Jack Rubens, publicou em 1988. Uma delas, intitulada "Vida", traduz a necessidade fundamental de qualquer criança, nascida a qualquer tempo em qualquer lugar deste mundo. Ela pode ainda não falar, mas é possível ler os versos que o meu pai escreveu em seu olhar. A mulher capaz desta leitura será a verdadeira mãe da criança, independentemente da questão biológica:

> como poderei viver
> sem ver o teu sorriso
> e sem ouvir a tua fala?
>
> como poderei viver
> sem os teus beijos
> e sem os teus carinhos?

EVOLUÇÃO HISTÓRICA

Diferentemente do que se observa na atualidade, no passado a adoção era cercada de um grande mistério e marcada pelo preconceito. De acordo com a tradição, eram revelados apenas os adotados que apresentavam problemas de conduta, tornavam-se alcoólatras ou eram internados em um hospital psiquiátrico, caracterizando o desejo dos pais adotivos de desvincular esses indivíduos de sua natureza e atribuir a responsabilidade de seu insucesso aos pais biológicos. Contrariamente, quando o adotado se destacava na literatura, nas artes, na política ou na ciência, do que não faltam exemplos, os pais adotivos não mediam esforços para manter escondida a verdade de sua origem, procurando vincular o sucesso desses indivíduos com a sua natureza e com a educação que lhes foi proporcionada.

Apesar das mudanças, a adoção ainda permanece envolta por um manto de incerteza que decorre de sua relação com o imaginário das pessoas, independente da realidade de terem sido adotadas ou não, configurando o chamado "mito do adotado", que tem como base a fantasia infantil universal de não sermos filhos legítimos dos pais que nos cuidam, ou seja, de termos sido apenas adotados por eles, sendo outros os nossos pais verdadeiros. A origem dessa fantasia encontra-se na experiência dos primeiros anos de vida, quando os pais constituem para a criança a fonte de toda a bondade e de todos os conhecimentos, sendo por essa razão idealizados. Não obstante, com o passar do tempo, ela vem a conhecer outros pais que, em situações especiais, são comparados com os seus, levantando dúvida sobre as qualidades e capacidades que até então lhes eram atribuídas. Nestes momentos, ela imagina que os pais atuais não são os do passado, concluindo que foi adotada. Isso ocorre principalmente nas ocasiões em que se sente frustrada ou negligenciada pelos pais, sendo o nascimento de irmãozinhos o mais marcante. Essa fantasia é representada nos contos infantis em que crianças maltratadas por adultos acabam descobrindo que haviam sido roubadas de seus verdadeiros pais, não raro reis e rainhas, para os quais retornam e voltam a desfrutar uma vida feliz, geralmente como únicos filhos. Na verdade, disse Freud, "essa tendência de substituir os pais verdadeiros por outros melhores nada mais é do que a expressão da saudade que a criança sente dos dias felizes do passado, quando o pai lhe parecia o mais nobre e o mais forte dos homens e a mãe a mais linda e a mais amável das mulheres". No entanto, algumas crianças parecem encontrar uma melhor solução, foi o que me fez pensar Pedrinho, um garoto de 7 anos por meio das palavras que dedicou ao irmão mais velho em sua festa de *bar mitzva*, realizada quando o menino judeu completa 13 anos: "Mano, embora até os 5 anos eu tenha pensado que você era adotado, eu sempre gostei muito de você"... Sinal de novos tempos?

CONCEITUAÇÃO

Do ponto de vista psicológico, a adoção resulta não só da complementaridade, mas principalmente da reciprocidade entre um casal que deseja e, de certa forma, necessita de um filho para a sua realização pessoal e conjugal e de uma criança que, além de desejar, necessita de pais que possam e queiram cuidá-la e amá-la. Trata-se de um processo que inicia com elaboração – por parte do casal, das causas da impossibilidade de gerar um filho e da frustração diante desta realidade – e se estabelece, de fato, com a revelação e a plena aceitação da verdade. Somente a partir desse momento é possibilitado à criança elaborar com a ajuda dos pais adotivos sua condição de adotada, que inclui o reconhecimento da dupla necessidade física e afetiva e da importância da mãe que a gerou para um encontro que, mais do que qualquer outro, revela a profunda necessidade do ser humano de um outro para amar e ser amado verdadeiramente.

O processo de adoção deve ser encarado tanto pelo casal adotante quanto pelo adotado como uma segunda oportunidade proporcionada pela vida de ser feliz. Em nenhum outro relacionamento humano a gratidão pode ser compartilhada de uma maneira tão equânime quanto na adoção, de tal forma que escondê-la representa uma perda imposta a todos que se encontram envolvidos com o processo, incluindo os pais biológicos que encontram na adoção dos filhos uma compensação para as suas incapacidades, principalmente quando não lhe é negado o reconhecimento de sua participação.

MOTIVAÇÕES

As motivações profundas de gerar e, fundamentalmente, criar um filho encontram suas raízes na biologia, no processo de identificação com os pais e na transitoriedade da vida. Os filhos, além de mitigarem a perda dos próprios pais, ajudam a elaborar o luto relativo à própria morte. É comum os casais sem filhos apresentarem uma limitada expectativa em relação ao futuro. A falta de um filho os levam a vislumbrarem um ponto final em suas vidas e determina que vivam antecipadamente a solidão que a morte do outro representará. Essa situação ocasiona em alguns casais um quadro típico de depressão que procuram atenuar através da adoção de um filho – forma de resgatar, na fantasia, o sentimento de continuar vivendo depois da morte.

A minha experiência profissional não deixa dúvida de que o encontro de um casal que não conseguiu engravidar e uma criança cujos pais a conceberam, mas não tiveram condições materiais ou emocionais de materná-la, é capaz de escrever a cinco mãos uma grande e inesquecível história de amor, cuja participação de todos é reconhecida e valorizada. Contudo, temos de ter presente que nem sempre é assim e que o sucesso da adoção de filhos guarda uma relação estreita com os conflitos inconscientes mobilizados por essa decisão, os quais não se revelam claramente através do conteúdo manifesto do discurso do casal adotante, mas aparecem na forma como lidam com a situação e se relacionam com o adotado, marcando a profunda diferença existente entre a gestação e a maternidade. A gestação se relaciona com a fisiologia feminina, enquanto a maternidade apresenta uma conotação prioritariamente afetiva ligada ao desejo da mulher de ajudar a construir um outro ser mediante o uso de suas capacidades amorosas, na maioria das vezes representando um gesto de gratidão pelo amor recebido da própria mãe ao nascer. Sendo assim, em qualquer condição, deveríamos considerar como verdadeira a "mãe de criação", coincidindo ser ela também a "mãe biológica", ou não.

Na verdade, todos os nossos atos obedecem a determinações inconscientes, as quais guardam uma estreita relação com o processo de educação, em particular o doméstico. Os conflitos surgem da incompatibilidade que muitas vezes se cria entre os nossos desejos e as restrições da realidade. Nem sempre os resolvemos, ou melhor, nem sempre os resolvemos satisfatoriamente. Na maioria das vezes, apenas os reprimimos, ou seja, os empurramos para o inconsciente, onde permanecem adormecidos. Mas vez por outra, determinadas situações, por contigüidade, fazem que eles sejam despertados, reproduzindo-se na atualidade. O desejo e a conseqüente impossibilidade de gerar um filho constitui uma dessas situações capazes de mobilizar inúmeros conflitos decorrentes do relacionamento com os pais na infância, muitas vezes tingindo e complicando o processo de adoção.

NARCISISMO

A mitologia, a literatura e a História nos proporcionam um grande número de exemplos que ilustram a peremptoriedade do ser humano de satisfazer o desejo, profundamente arraigado, de realizar na vida adulta o anseio de maternidade e paternidade através da adoção quando os condicionamentos biológicos inviabilizam a consangüinidade da relação parental. Entretanto, na vida real, essa decisão mobiliza uma série de conflitos que muito freqüentemente determina o périplo clássico da adoção: o casal estéril registra um recém-nascido em seu nome, atribuindo a si a paternidade, e estabelece o pacto de "preservar" a criança do conhecimento de sua condição de adotado, ou decide aguardar o momento "adequado" que nunca chega para revelar a verdade sobre a sua origem. Essas desculpas para evitar a realidade não deixam de ter um caráter humano, mas se vinculam diretamente com o narcisismo do casal que busca na adoção muito mais esconder uma intolerável incapacidade física do que propriamente dar e receber amor de um outro ser em todas as suas etapas do desenvolvimento. Cito um caso exemplar desta verdadeira patologia da adoção protagonizado por uma profissional da área da saúde que simulou todas as etapas de uma gestação superpondo ao ventre volumes progressivamente maiores e, ao aproximar-se a suposta data do parto, viajou a uma outra cidade e lá internou-se no hospital onde nasceria a criança que combinara previamente adotar. O toque mais caricato dessa triste pantomima revelou-se nas fotografias batidas no leito hospitalar. Em uma delas, a que serviu depois para decorar o quarto da criança, a falsa mãe biológica recebia o recém-nascido dos braços de uma enfermeira, aparecendo atrás da cama um tubo de oxigênio ali propositalmente colocado. Este detalhe que, aparentemente, visava a apagar qualquer suspeita de uma adoção, aponta para uma ausência do verdadeiro sentido da maternidade que, como foi dito, não se superpõe necessariamente à concepção.

ADOÇÃO COMO DEFESA

O caso descrito constitui uma defesa contra um narcisismo ferido pela incapacidade de engravidar, resultado de um ideal do ego implacável observado em mulheres narcisistas. A simulação se explica pelo fato de elas precisarem resgatar a perfeição perdida na imagem de um filho que tenha sido gerado em suas entranhas e possa ser tomado como parte delas ou como um espelho que reflita sua imagem idealizada.

Essa solução defensiva também se verifica no papel reservado para a criança quando nela a mãe projeta sua imagem desvalorizada pela infertilidade. Ela terá de ser alguém importante para que a mãe, através dela, recupere o amor de seus pais, o qual considera perdido por tê-los decepcionado devido à infertilidade. Esse sentimento pode e costuma ser compartilhado pelo marido, mas a frustração que o homem enfrenta diante da impossibilidade de gerar um filho com sua mulher geralmente se relaciona com a questão do nome, ou seja, da continuidade, correspondendo à fantasia de eternidade que a descendência confere.

Cito o exemplo de um industrial muito bem-sucedido que colocou o filho adotivo, com apenas vinte e poucos anos de idade, na elevada posição de presidente da empresa, embora continuasse agindo por trás. Ao destacar a inteligência e as capacidades do filho, obviamente não-preparado para o cargo, dava a impressão de procurar persuadir os demais de que a condição de adotado consistia em um privilégio, uma vez que o seu "menino", como ele o chamava, era superior a qualquer filho biológico. Neste caso, foi possível constatar a identificação do marido com a esposa e seus esforços para se perpetuar através do filho.

Ao descrever essas situações, estou procurando chamar a atenção para uma serie de dificuldades relacionadas com a psicologia do casal adotante que cercam o processo de adoção, gerando e potencializando a problemática do adotado. Quando a adoção equivale a um sintoma, o resultado não costuma ser satisfatório, porque as expectativas em relação ao adotado tornam-se muito elevadas. Como resultado, os problemas emocionais com freqüência apresentados pelos filhos adotados têm mais a ver com as dificuldades dos pais adotivos para lidar com a adoção do que com os inevitáveis conflitos vinculados às suas origens.

Mas não é apenas o adotado que sofre as conseqüências de uma atitude inadequada dos pais adotivos, mas também o próprio casal, como acontece quando ele decide manter escondida a verdade sobre a origem do filho. A característica mais marcante dessas situações é a tensão que, no caso do adotado, pode provocar o surgimento de transtornos psicossomáticos, como a obesidade, dificuldades escolares, transtornos de conduta, incluindo o uso de drogas e a delinqüência. No lado do casal, a tensão gerada pelo segredo acaba despertando a desconfiança de que alguém diga ao filho que ele é adotado. Trata-se de um temor que se renova diariamente, envolvendo parentes, vizinhos, amigos, colegas de aula e, logo, o cônjuge também se torna alvo da suspeita. Portanto, o casal sente-se permanentemente ameaçado – de dentro e de fora – de que a ferida narcísica fechada com a mentira venha a ser reaberta. Comprometido com o controle dessa situação, a tendência do relacionamento é empobrecer-se progressivamente.

INVEJA

A inveja é um sentimento de intolerância com tudo aquilo que um outro tem e nós não temos, destacando-se suas capacidades criativas. É diferente do ciúme, cujo sentimento é de exclusão de uma relação entre outros dois. No ciúme, nossa ambição é de excluirmos um para ocupar o seu lugar na relação, enquanto na inveja nossa ambição é a de destruir aquilo que é invejado para não precisarmos mais ver. Para afastar este sentimento, o casal estéril pode tomar a decisão de adotar um filho e, dessa forma, equiparar-se aos invejados pais, mas essa medida, pelo seu caráter agressivo, pode ter o significado de "roubar um filho dos pais". O casal geralmente não tem consciência desse significado, mas ele se revela no temor de que a mãe biológica da criança adotada queira tomá-la de volta. A história de M., 39 anos, é ilustrativa. A infância e a adolescência desta paciente foram marcadas por permanentes conflitos com a mãe, em relação à qual sentia muita raiva. Embora não reconhecesse, era evidente que esse sentimento se relacionava com os três filhos que a mãe teve em poucos anos depois do nascimento dela. Aos 16 anos, após uma briga com a mãe, M. inicialmente foi morar com uma tia, depois com a avó e, por último, com uma vizinha que, segundo suas palavras, "satisfazia todas as minhas vontades". A vizinha tinha um único filho com quem M. veio a se casar. Sua decisão era de não ter filhos, mas, cedendo às pressões da sogra, acabou fazendo várias tentativas sem sucesso. Como resultado de uma investigação médica, ficou sabendo que um problema nas trompas a impedia de engravidar. Sem maiores problemas, submeteu-se a três procedimentos cirúrgicos, mas quando deveria fazer o quarto, que parecia ser o último, optou por adotar, primeiro um menino e, depois, uma menina, convencida de que não tinha muita importância o fato de gerar ou adotar uma criança. Optou por esconder dos filhos que os havia adotado. Recentemente, passou a apresentar um quadro de ansiedade e insônia. Associou esses sintomas ao fato de que, ultimamente, sem nenhuma razão aparente, passava a se preocupar com a possibilidade das mães das crianças virem a procurá-las e que elas, ao tomarem conhecimento da realidade, decidissem abandoná-la, decepcionados com ela por ter ocultado suas verdadeiras histórias.

COMPETIÇÃO

A competição está atrelada ao universal complexo de Édipo, e o sentimento básico é o de ciúme. Marido e mulher, ao tomarem conhecimento da impossibilidade de gerar um filho, revivem a experiência infantil de se sentir prejudicado em relação aos pais que, de acordo com o pensamento da criança, são onipotentes e podem fazer tudo o que desejam. Entre esses valorizados e exclusivos prazeres dos pais, manter relações sexuais e gerar filhos ocupam o primeiro lugar na mente da criança que, na melhor das hipóteses, deve conformar-se com a expectativa de, no futuro, quando já tiver crescido o suficiente, vir também a desfrutá-los.

No entanto, nem sempre a criança aceita esta "inferioridade" em relação aos pais, ainda que temporária, podendo estabelecer com eles uma intensa rivalidade que se mantém latente durante o desenvolvimento. Ao sentir-se mais uma vez "derrotado" pelos pais por não poder, como eles, gerar um filho, o indivíduo busca uma solução mágica para esta situação através da adoção de uma criança. Desta forma, ele procura evitar, ao mesmo tempo, o sentimento de derrota e a competição, geralmente com o pai, no caso do homem, ou com a mãe, no caso da mulher. As razões que levam o indivíduo a evitar a competição têm como origem a ameaça de castração, um sentimento básico de homens e mulheres resultante da relação com os pais na infância. A ameaça de castração, dentro de condições favoráveis, relaciona-se com a necessária imposição de limites, representando uma tarefa tanto do pai quanto da mãe.

Uma outra possibilidade é que o casal vivencie a esterilidade como um castigo por suas fantasias agressivas em relação aos pais na situação triangular edípica, movida, pela universal competição entre pais e filhos. Em certa medida, essa competição é necessária e indispensável ao crescimento emocional; o problema decorre, como em tudo, do seu exagero. Quando isso ocorre, a adoção de uma criança pode representar uma tentativa de reconciliação com os pais. Neste caso, a criança adotada pode vir a agredir o casal adotante tanto quanto ele acredita ter agredido os seus pais no passado, representando um castigo auto-imposto para aplacar a culpa. Um exemplo que conjuga competição e castigo podemos encontrar em J. que, desde pequeno, mantinha uma marcada competição com o pai que, além de fazendeiro bem-sucedido, possuía cinco filhos e, pelo que ouvia dizer, várias amantes. Ao tornar-se adulto, J. começou a ter uma série de relacionamentos a curto prazo, em que engravidou várias mulheres. Todas elas provocaram aborto. Após alguns anos, contraiu uma orquite e, em conseqüência, ficou estéril. Neste momento, resolveu casar-se e adotou, progressivamente, seis crianças. Começou a beber exageradamente e foi devido ao alcoolismo que procurou tratamento.

SENTIMENTOS DE CULPA

Freud escreveu em 1916 o artigo "Alguns tipos de caráter encontrados no trabalho analítico", em que se refere aos "criminosos por sentimento de culpa", assinalando que os atos delituosos de alguns indivíduos objetivam apaziguar a cobrança de um superego punitivo. Isso acontece com muito mais freqüência do que as pessoas imaginam, em particular porque as motivações do indivíduo que comete o delito são inconscientes. Contudo, em uma psicanálise, essas motivações tornam-se conscientes, possibilitando constatar que certas adoções são equivalentes de atos delituosos que visam à obtenção de um castigo que é engendrado, desde o início, na relação com o adotado. A mentira, a falsidade e a falta de limites podem ser uma forma inconsciente de "preparar" o filho adotivo para desempenhar, mais tarde, o papel de superego. Evidentemente, essa solução pouco adequada para conflitos infantis também pode ser buscada com filhos biológicos e, na prática, é o que muitas vezes observamos. Contudo, no caso da adoção, o processo é facilitado pela psicologia do adotado que, como veremos na seqüência, muitas vezes precisa degradar os pais adotivos para atenuar sentimentos de culpa em relação à sua origem. Cito dois exemplos:

O primeiro é de S., para quem os pais nunca revelaram que havia sido adotada, embora ela tivesse consciência dessa condição. Na adolescência, apresentou graves transtornos de conduta, os quais visavam claramente a preocupar e a abalar moralmente os pais adotivos. Como se não bastasse, ainda muito jovem, casou-se com um homem que, por meio dela, os exauriu economicamente. O que mais me chamou a atenção neste caso foi que tudo transcorreu como se obedecesse a um roteiro previamente escrito.

G., o outro exemplo, sempre manteve com seus pais adotivos, de quem recebeu todas as oportunidades, uma atitude carinhosa e muito respeitosa. Quando concluiu o curso de Engenharia, os pais lhe informaram que haviam decidido nomeá-lo herdeiro universal da fortuna que haviam acumulado ao longo da vida. Em tom de brincadeira, o pai teria dito ao filho: "Toma conta de tudo que eu vou me aposentar. Agora, eu é que vou viver às suas custas". Apesar de recém-formado, G. partiu para a realização de grandes empreendimentos imobiliários destinados à classe A, no que se associou a um colega de profissão supostamente mais experiente e que assumiu a parte comercial da empresa. Em cinco anos de sucessivos fracassos, G. foi obrigado a encerrar os negócios da empresa, cujas dívidas, todas avalizadas pelos pais adotivos, dilapidaram até o último centavo a fortuna da família, que até mesmo a residência teve de entregar aos credores. Como no caso anterior, apesar do estado de penúria econômica em que passaram a viver, nenhuma reclamação, nenhum lamento, nem mesmo uma expressão de arrependimento foram observados, como se os pais adotivos apenas tivessem cumprido, silenciosamente, um pacto firmado entre G. e eles para eludirem mútuos sentimentos de culpa relacionados com as experiências infantis de cada um.

NEGAÇÃO

Uma das defesas mais utilizadas pelo ser humano contra intoleráveis sentimentos de frustração impostos pela realidade é a mania. Essa defesa consiste em subestimar ou mesmo negar integralmente a realidade tida como adversa e substituí-la por outra considerada ideal. No caso específico da esterilidade, caracteriza-se a defesa maníaca quando o casal, a fim de evitar a dolorosa realidade de não poder gerar um filho, desvaloriza integralmente a concepção e idealiza a adoção. Para esses pais, os filhos adotivos são melhores dos que não foram adotados, e eles mais felizes do que os outros pais. O insucesso dessas adoções decorrem do fato de que não existe uma elaboração da impossibilidade de procriar um filho, a qual, como foi dito, é simplesmente retirada do cenário da realidade. Na falta desse trabalho psíquico, o indivíduo não se capacita para o que Alicia Lisondo, uma brilhante psicanalista de crianças, chama de "filiação simbólica" em oposição à "filiação diabólica", situação em que a criança adotada é tomada como um substituto do luto que deveria ser realizado pela perda da função procriativa.

A solução maníaca pode ter sido aquela que encontrou Josephine Baker e seu marido, os quais, após sucessivas tentativas frustradas de gerarem um filho, adotaram 12 crianças de raças diferentes, formando a "Tribo Arco-Iris". Quase a fabricação de uma família. O objetivo era criar uma comunidade utópica, sem ódios e sem rancores. Devemos considerar o espírito humanitário deste casal, mas não podemos deixar de levantar a suspeita de que, inconscientemente, possa ter procurado, com essa iniciativa, negar a frustração pela impossibilidade de gerar um filho e, ao mesmo tempo, compensar a discriminação racial sofrida pela artista durante a infância por ser mulata, rechaçada por brancos e por negros.

PERDAS

A motivação de uma adoção pode ser uma situação de luto que não foi bem elaborada, podendo representar uma tentativa de sair da depressão pela perda de um ente querido. Neste caso, o papel reservado à criança adotada será o de substituir alguém que foi perdido, às vezes um irmão, um dos pais do casal ou um aborto. Se ocorrer, como é comum, de o cônjuge deprimido decidir pela adoção e o outro, por identificação, culpa, complacência ou pena, concordar, em algum tempo o casal poderá passar a viver uma situação de conflito devido a mudanças estruturais determinadas pelo ingresso do adotado no relacionamento conjugal.

O risco que corre esse tipo de adoção é que um dos cônjuges, para se defender da depressão, vincule-se ao adotado de tal maneira que o outro, sentindo-se desprezado, arrependa-se de ter concordado com a adoção e passe a rechaçar a criança, estabelecendo um círculo vicioso difícil de ser quebrado, resultando, não raro, em separação do casal.

De outro lado, a obrigação de substituir um morto, geralmente idealizado, representa uma sobrecarga ao adotado que, temendo ser mais uma vez abandonado, não medirá esforços para atender às exigências dos pais adotivos. No entanto, temeroso de frustrar essa expectativa por se sentir incapaz para tanto, o adotado, consciente ou inconscientemente, toma a iniciativa de abandonar os pais adotivos ou, então, apresenta um comportamento que resulta em frustração aos mesmos. Para o adotado, representa uma missão extremante pesada e complexa, pois ao lado de mudar de pais, portanto, de modelo de identificação, é ainda empurrado a ser outra pessoa que não ele próprio. É como se a sombra da pessoa que foi perdida caísse sobre o adotado, impedindo-o de ser ele mesmo.

PRESSÕES EXTERNAS

As pressões exercidas pelo ambiente (pais, sogros, superiores, amigos) na relação direta do grau de subordinação do casal poderão influenciá-lo a adotar uma criança. Nestes casos, reeditam-se no mundo externo conflitos não-resolvidos com figuras parentais internas muito exigentes e perfeccionistas. Freqüentemente, é o próprio casal que aciona o mundo externo a desempenhar esse papel, ao qual se submete para continuar sendo amado.

Na mesma linha, encontram-se aqueles casais que, por se sentirem diminuídos em seu grupo familiar ou social em virtude de não poderem atingir o *status* de pai e de mãe, resolvem adotar uma criança. Em tais casos, a maternidade e a paternidade podem significar não muito mais do que uma mera representação. A conseqüência mais freqüente deste tipo de adoção é o descuido dos interesses do adotado.

Como exemplo, cito o caso de J., uma mulher muito culta de 32 anos que sempre foi a primeira da classe. Desde cedo, J. estabeleceu uma franca competição com a mãe que, depois dela, teve mais três filhas. Sua família era pobre, mas o homem com quem se casou tinha muitas posses, possibilitando-lhe uma vida abastada. Ela teve dois filhos, aos quais se dedicou muito pouco, embora desfrutassem de invejáveis condições materiais. No afã de possuir uma filha, engravidou três vezes e três vezes abortou espontaneamente antes de quarto mês. J. sentiu-se muito diminuída diante das amigas que possuíam filhas e resolveu adotar uma menina. Não obstante, mesmo sem ver, não aceitou a primeira oferta que lhe fizeram porque a criança era loira e desejava que a filha fosse morena, como ela. Recusou também a segunda, porque estava com uma viagem marcada para o exterior e, naquela altura, já decidira somente na volta realizar a adoção. Além da evidente ambivalência em relação a adotar uma criança, chamou a atenção o fato de J. ter mandado decorar com todo o luxo um quarto de menina em sua casa, no qual não faltavam inúmeros brinquedos importados e roupas de criança da melhor qualidade.

De acordo com o meu entendimento, J., a rigor, não queria ter uma filha para criar, mas para ser ela mesma, ou melhor, o que ela gostaria de ter sido para a sua mãe: a primeira, a única e a mais presenteada das crianças. Sem se dar conta, ela desprezou os dois filhos homens para que a filha, ao nascer, pudesse se sentir única para a sua mãe. Diante da impossibilidade de gerar essa filha, resolveu adotá-la, mas sendo ela mesma essa criança, depois de presenteá-la mais do que qualquer outra, não sentiu mais a necessidade de consumar a adoção. Este desinteresse e, principalmente, os abortos revelam que J. competia não apenas com a mãe e as amigas, mas também com a filha, viesse ela nascer do seu próprio ventre ou do ventre de outra mulher disposta a doar o seu fruto.

PSICOLOGIA DO ADOTADO

O adotado possui uma psicologia própria, decorrente do fato de não ter sido criado pelos pais que o conceberam e por manter vínculos afetivos com duas duplas parentais, embora, na maioria das vezes, uma habitando o mundo da realidade e a outra o mundo da fantasia. Como resultado, ele pode experimentar um medo exacerbado de vir a ser abandonado pelos pais adotivos e, mais cedo ou mais tarde, apresentar um conflito de identidade.

Sendo assim, é possível dizer com bastante segurança que medo do abandono e conflito de identidade são duas questões que todos os que lidam com adotados devem ter sempre presentes, a começar pelos pais adotivos, pois eles costumam levar muito tempo para adquirir a segurança de que não vão perder os pais novamente e constituir uma identidade estável.

Inicialmente, referi-me ao "mito do adotado", correspondendo à fantasia infantil universal de não sermos filhos legítimos do casal que nos cuida, a qual, para a psicanálise, resulta da competição com os pais e das frustrações que a relação entre eles acarreta à criança. Esta idéia de uma dupla paternidade, que para a maioria das crianças é uma fantasiosa indagação que a realidade se encarrega de retificar, para o adotado constitui uma permanente fonte de dúvida, a qual sustenta uma constante e ameaçante vivência de abandono, que mobiliza tanto a raiva quanto a culpa que nela tem origem. Essa vivência é muitas vezes reforçada pelas naturais dificuldades da mãe adotiva, à qual faltam as experiências de relacionamento com a criança durante a gestação e os primeiros momentos após o parto.

A dupla origem coloca o adotado diante de uma realidade humana particularmente complexa. Embora o precoce estabelecimento da verdade possa abrandar os conflitos internos e de relacionamento com os pais adotivos, na prática observa-se que este desejável gesto não extingue o anseio do adotado de conhecer seus pais biológicos. Apesar disso, nem sempre ele revela este desejo aos pais adotivos pelo receio de magoá-los e, freqüentemente, evita realizá-lo pelo medo de perdê-los. Portanto, ao mesmo tempo, ele quer e não quer conhecer os pais biológicos, podendo essa ambigüidade pautar a trajetória da vida do adotado, como foi retratado por Sófocles em *Édipo Rei*. No entanto, esta inquietante busca de si mesmo é o doloroso e inevitável destino do adotado que não pode, nem deseja, abandonar a busca da sua verdadeira identidade. Busca essa que vai caracterizar a personalidade do adotado e que pode dar margem a variados distúrbios emocionais, principalmente naqueles casos em que os pais adotivos estabelecem um conluio com a criança de omitirem a verdade sobre a sua origem. Esta omissão que, supostamente, visa a poupar o adotado do sentimento de ter sido abandonado pelos pais biológicos impõe ao mesmo o oposto: a culpa por tê-los abandonado.

O sentimento de culpa em relação aos pais biológicos é uma causa freqüente de uma série de manifestações, entre as quais: desinteresse pelos estudos, uso de drogas e condutas agressivas com os pais adotivos. Essas manifestações podem ter o objetivo de frustrar as expectativas dos pais adotivos e fazê-los fracassar diante dos pais biológicos. Por essa razão, embora não se aconselhe os pais adotivos a estimularem o adotado a procurar conhecer seus pais biológicos, eles deveriam de alguma maneira deixar bastante claro que aceitam naturalmente esse desejo e que, se forem solicitados, estão dispostos a ajudá-lo nesta tarefa. Cito um diálogo ilustrativo que me foi relatado por uma paciente para a qual os pais jamais omitiram sua condição de adotada. Disse-me que, na pré-adolescência, certa vez conversando com a mãe, uma mulher de considerável estatura, perguntou se ela também chegaria a uma altura elevada. A mãe respondeu que muitas vezes a altura das pessoas guarda uma relação com a altura dos pais biológicos. Sendo assim, ficava difícil dar uma resposta, pois não conhecera os pais que lhe haviam gerado, embora, pelo crescimento que tivera até aquela idade, poderia chegar a uma boa altura. Na seqüência, a paciente comentou que era interessante que todos a considerassem parecida com ela, mesmo não tendo sido gerada em seu ventre. Com muita naturalidade, a mãe explicou que também o convívio deixa as pessoas parecidas, principalmente quando apresentam uma forte ligação afetiva. Conforme pude ver com a paciente, sua pergunta expressava uma clara necessidade de saber quem ela era, revelando a capacidade de sua mãe adotiva de captar essa necessidade e abrir um caminho de acesso à sua verdadeira identidade. Em outras palavras, ela disse à filha: para saber exatamente como você vai ser, somente conhecendo teus pais biológicos. A partir daquele diálogo, a paciente passou a ter como certa a liberdade de procurar seus pais biológicos quando desejasse e que, para tanto, contaria com a ajuda da mãe. Ao mesmo tempo, naquele momento, ela pôde incorporar em sua identidade, sem culpa, a mãe adotiva, demonstrando-lhe sua gratidão por não ter desprezado seus pais biológicos ao dizer que todos a consideravam parecida com ela.

Sem dúvida, o caminho da saúde mental do adotado e do seu melhor relacionamento com os pais adotivos passa, necessariamente, pelo conhecimento de sua condição de adotado e pela liberdade de procurar e de conhecer os pais biológicos. Enquanto a mentira gera a desconfiança e a raiva em relação aos pais adotivos, sentidos pela criança como pessoas interessadas apenas em satisfazer suas necessidades narcísicas de possuírem um filho, a verdade estabelece um padrão de confiança e de sinceridade nesse relacionamento, geralmente cercado de muitas dúvidas. Os pais adotivos, ao abrirem mão do desejo de aparentarem uma descendência verdadeira, despertam um consistente sentimento de gratidão na criança que, ao mesmo tempo, vendo seus pais biológicos reconhecidos e valorizados, aumenta sua auto-estima e o seu sentimento de identidade.

Um aspecto que, freqüentemente, inquieta pais adotivos bem-intencionados quanto à questão de informar ao filho de sua condição de adotado é a época em que tal revelação deve ser feita. Igual preocupação também demonstram vários autores, indicando assim que haveria um momento mais adequado para tal esclarecimento. A maioria toma como referência a eclosão do conflito edípico, por volta dos 4 ou 5 anos, preferindo alguns o período pré-edípico, e outros, o pós-edípico. Entretanto, não existe um momento definido para esse esclarecimento, assim como inexiste um momento para informar um filho de sua legitimidade porque ele pode ter dúvidas a esse respeito, como vimos que, de fato, tem. A indecisão desaparece se os pais adotivos aceitam a realidade de que não são os pais biológicos da criança e que as tomaram para criá-las. Ou seja, o problema crucial a ser enfrentado não é o da época da revelação, mas a injúria narcísica que ela representa àqueles indivíduos que se recusam a aceitar a sua impossibilidade de gerar um filho. O que não deve ser esquecido é que uma verdade só precisa ser revelada quando paira uma inverdade, caso contrário ela estará sempre presente.

DOIS PONTOS VULNERÁVEIS

O desenvolvimento emocional passa por sucessivas etapas até que se forme a personalidade do indivíduo. Duas delas podem apresentar-se mais vulneráveis no adotado. Explico: bem no início da vida, a criança necessita para o seu desenvolvimento sentir-se o centro das atenções, assim como ser amada e desejada pelos pais de uma maneira incondicional, como se fosse única, a pessoa mais importante para eles. Portanto, na etapa inicial do desenvolvimento, a criança é narcisista. Contudo, ao ser doada pelos pais biológicos a outras pessoas, ela pode se sentir desvalorizada e reagir defensivamente a esse sentimento que fere o seu narcisismo, incrementando o pensamento onipotente e a fantasia grandiosa. Também pode determinar uma "ferida" no narcisismo da criança a percepção de que os pais adotivos desvalorizam sua origem e procuram escondê-la, não revelando que foi adotada. Neste caso, ela poderá idealizar os pais biológicos e procurar denegrir os pais adotivos. Eventualmente, empenhará todos os esforços para conquistar uma posição social e econômica superior à do casal que a adotou para valorizar os pais biológicos.

O desejo pelo pai do sexo oposto e a competição com o pai do mesmo sexo, gerando sentimentos de ciúme e exclusão, configuram o complexo de Édipo, uma experiência pela qual passam todos os indivíduos. Sendo assim, depois de uma etapa narcisista, a criança ingressa em uma etapa incestuosa que pode revestir-se de maior complexidade no caso do adotado por ter dois pais e duas mães e por vivenciar os sentimentos edípicos com um casal em relação ao qual não existe a barreira da consangüinidade. Essa condição pode favorecer o recrudescimento das fantasias incestuosas em relação ao pai do sexo oposto e a hostilidade em relação ao pai do mesmo sexo, podendo gerar um afastamento dos pais adotivos, principalmente na adolescência.

COMENTÁRIOS

As particularidades que cercam o tema da adoção não deveriam levar a ninguém ter a falsa impressão de que, quando um casal chega à conclusão de que é estéril, qualquer iniciativa no sentido de tomar uma criança para criar é prenúncio de inevitáveis dificuldades. Não é o que acontece com grande número de casos, principalmente aqueles em que o casal procura enfrentar os sentimentos de perda inevitavelmente relacionados com a adoção e se relaciona com a criança dentro da realidade. As incertezas com a adoção são muitas, mas o que devemos fazer é enfrentá-las. Afinal, um filho biológico também não representa muitas incertezas?

Apesar das situações bastante complicadas que tomei conhecimento em meu consultório ou por meio dos alunos em instituições de ensino, parte delas relatadas neste capítulo, encontro-me plenamente convencido da importância da adoção de uma criança para um casal estéril, representando essa atitude uma expressão do instinto de vida. A descendência, afora conceder um motivo para os esforços dos pais e enriquecer sua existência, representa a única forma de seguir vivendo após a morte. Contudo, o sucesso da adoção depende de um grande número de fatores, mas estará menos exposta a conflitos se as duas partes, o casal estéril de um lado e a criança desprotegida de outro, poderem reconhecer o mútuo benefício desse encontro. Sentindo-se compensados em seu sofrimento, capacitam-se para uma maior dose de tolerância e mais facilmente conseguem demonstrar seus sentimentos de gratidão. Em outras palavras, nem a criança precisa exigir que o casal adotante seja melhor do que aquele que lhe gerou, nem os pais adotivos necessitam que a criança adotada lhes proporcione mais satisfações do que um filho verdadeiro. Quando isso ocorre, a adoção costuma ser menos conflituosa. Neste grupo, encontram-se aqueles casais que, embora tendo filhos, resolvem adotar uma criança, geralmente movidos pelo desejo de estender a um pequeno ser desamparado pela sorte a felicidade de que já desfrutam. Na prática, tenho observado que este tipo de adoção é com freqüência mais bem sucedido, provavelmente por não haver nem margem, nem necessidade de falsificações. Esses casais não costumam enfrentar a dúvida de quando dizer à criança que ela foi adotada porque, geralmente, nunca foi dito o contrário. Por outro lado, o fato de o casal ter outro ou outros filhos que são biológicos leva o adotado a se sentir mais seguro do amor dos pais adotivos, ou seja, que não o adotaram em atenção aos seus exclusivos interesses. Um filho adotivo que analisei manifestava uma grande gratidão pelo casal que o adotou quando sua mãe, já viúva, morreu em um desastre de automóvel. Ele tinha então 4 anos e aproveitou todas as oportunidades que lhe foram proporcionadas, tornando-se na vida adulta um indivíduo capaz profissional e afetivamente.

Basicamente, eu procuro enfatizar que o aspecto mais difícil de enfrentar nas adoções – a realidade – constitui, na verdade, o elo mais forte da relação afetiva entre pais e filhos adotivos e o pilar fundamental do desenvolvimento emocional do adotado. É indispensável que o casal adotante seja devidamente esclarecido de que o traumático para a criança é o mistério sobre a sua origem, e não a realidade, a qual desmitifica o passado e abre as portas para o futuro. Quando o adotado é alguém cuja missão não é resolver o problema de um casal infeliz, mas completar a felicidade de um casal consciente de sua limitação, a adoção pode representar um maravilhoso projeto de amor.

Gráfica
METRÓPOLE

www.graficametropole.com.br
comercial@graficametropole.com.br
tel./fax + 55 (51) 3318.6355